马克思主义经典著作解读丛书

Makesi Zhuyi Jingdian Zhuzuo Jied

主编／王为全

马克思主义哲学的经典阐释

《路德维希·费尔巴哈和德国古典哲学的终结》

解 读

许萌 ◎ 编著

中国出版集团

现代出版社

图书在版编目（CIP）数据

马克思主义哲学的经典阐释：《路德维希·费尔巴哈和德国古典哲学的终结》解读／许萌编著. —北京：现代出版社，2016.1 （2025.1重印）

ISBN 978 - 7 - 5143 - 2007 - 7

Ⅰ．①马… Ⅱ．①许… Ⅲ．①《路德维希·费尔巴哈和德国古典哲学的终结》- 恩格斯著作研究 Ⅳ．①A811.24

中国版本图书馆 CIP 数据核字（2014）第 106570 号

作 者	许 萌
责任编辑	王敬一
出版发行	现代出版社
通讯地址	北京市安定门外安华里 504 号
邮政编码	100011
电 话	010 - 64267325 64245264（传真）
网 址	www.1980xd.com
电子邮箱	xiandai@ cnpitc.com.cn
印 刷	三河市嵩川印刷有限公司
开 本	700mm × 1000mm 1/16
印 张	12
版 次	2016 年 1 月第 1 版 2025 年 1 月第 3 次印刷
书 号	ISBN 978 - 7 - 5143 - 2007 - 7
定 价	48.00 元

引　言

　　《路德维希·费尔巴哈和德国古典哲学的终结》是马克思主义宝库中的一部经典著作。1886 年初，为了反击以复活德国古典哲学和贩卖过时的折衷主义对马克思主义的诬蔑和曲解，恩格斯写下了《路德维希·费尔巴哈和德国古典哲学的终结》（以下简称《费尔巴哈论》）。《费尔巴哈论》主要论述了"哲学的基本问题""辩证唯物主义""历史唯物主义"三大方面的问题，唯物史观实现了唯物主义和辩证法的有机统一，实现了唯物辩证的自然观和唯物辩证的历史观的有机统一，它最终把唯心主义从社会历史观中清除出去，使社会科学研究在各个领域都发生了革命性的变革。所以，列宁认为《费尔巴哈论》与《反杜林论》详尽阐述了马克思主义的观点，它们与《共产党宣言》一样，都是每个觉悟的工人必读的书籍。

　　本书通过对《费尔巴哈论》的解读，主要论述了以下几方面的问题：《费尔巴哈论》的写作背景、书名的由来、对黑格尔哲学和费尔巴哈哲学的继承与批判、马克思的科学唯物主义，最后还附录了《关于费尔巴哈的提纲》。

　　本书的写作是为了让更多的读者来了解《费尔巴哈论》中的思想，包括广大青少年读者。因此，在写作过程中，力求把哲学的语言尽量用生活化的语言来解读，力求做到通俗易懂、老少皆宜、雅俗共赏。为了做到这一点，本书尽量把枯燥晦涩的哲学道理融化到形象生动的历史故事、名言典故之中。鉴于本人的知识水平与写作能力有限，在语言表达、逻辑推演上存在的问题，还请广大读者积极指正，并给予宝贵意见，一定认真采纳，使之更加完善。

目 录

第一章　背景知识简介

《路德维希·费尔巴哈和德国古典哲学的终结》是恩格斯在马克思逝世之后，对马克思主义哲学基本原理所做的全面梳理、总结和发展，是关于马克思主义科学世界观和方法论的概论式著作。学习这部著作，首先要从了解恩格斯的革命经历和本书的写作缘由开始。

第一节　恩格斯个人简介

青年人的足迹——从德国到英国

在 1820 年 11 月 28 日，马克思的挚友，一代哲学巨匠恩格斯在普鲁士王国莱茵省的乌培河谷诞生了。当时的普鲁士还是一个混乱而保守的封建专制的国家，但是莱茵省与普鲁士大部分地方不同，由于在 19 世纪初就受到法国皇帝拿破仑的统治，封建的生产关系已经被废除，资本主义得到了长足的发展，因此，在该省，资产阶级掌握了重要的话语权，资产阶级与无产阶级的矛盾也尤为突出。

恩格斯的全名是弗里德里希·冯·恩格斯，他的父亲老弗里德里希，出身于当地的名门望族，并经营着当地的工厂，其后更是在英国的曼彻斯特与他人创办了纺纱厂——欧门－恩格斯纺纱厂。他喜爱音乐与戏剧，喜爱旅行，但是在家庭中，他却坚持对孩子们的严格教育，要求子女们必须听从宗教的教义，要绝对无条件地相信圣经。恩格斯的母亲名为爱利莎·弗兰契斯卡·莫莉蒂娅·恩格斯，她出身于一个语言学之家，良好的家庭出身赋予了她良好的教养，而且她富有幽默感，是儿女们的知心朋友。

14 岁时，恩格斯进入爱北斐特的理科中学，学习语言、宗教、历史、数学、物理等学科，在学习中，他深深地受到英雄主义的渲染，认为人类应该崇尚高尚的灵魂、持有人道主义精神并热爱自由。因此，他对家乡的资本主义制度越来越不满，认为这种制度践踏了人类的尊严。而其父对于长子的这种"思想空虚和没有定见"的生活表示了深深的忧虑，中学的学习还没有结束，他就勒令恩格斯辍学，到营业所学习经商。恩格斯想要反抗，但却不得不服从。

18 岁那年，恩格斯前往德国不来梅，继续学生意。在这里，他接触到了当代的各种进步思想，并且通过研读文学，他深入地了解到了意识形态问题。18 岁的恩格斯接受了**黑格尔**哲学中的关于发展的、辩证的思想，但与此同时，他又清醒地意识到，未来的生活既不能抛弃哲学，但又不能完全依赖哲学，明智的做法是将生活与哲学结合起来。在 19 岁时，他发表了《乌培河谷来信》一文，深刻描述了乌培河谷在神秘主义的宗教笼罩之下的灰暗生活，并且指责当地资产阶级对工人的压榨。同年，在《德意志民众读物》中，他提出要让人民都意识到自己的力量，意识到自己的自由。21 岁时，恩格斯就在《恩斯特·莫里茨·阿伦特》一文中大声喊出了他的口号：
"不要任何等级，只要伟大的、统一的、平等的公民民族！"[1] 我们
可以看出，这时的恩格斯已经决心成为一个革命斗士，为实现全部
人民的解放而努力奋斗。

到达英国的恩格斯开始在父亲合伙承办的工厂工作。但是这个
生活无忧、出身资产阶级的年轻人在英国这个资本主义大工业极尽
发达、繁荣的环境中，抛却了日夜笙歌的生活，反而走入了普通工
人之中，品味他们的辛酸，同情他们艰难处境。在深入工人生活的
过程中，他结识了爱尔兰女工玛丽·白恩士，爽朗热情的玛丽赢得
了恩格斯的好感，而她的革命精神也深深鼓舞着恩格斯。在之后的
生活中，玛丽陪伴了恩格斯相当长的时间。

友谊的开始——站在无产阶级的阵营当中

在对无产阶级的深入探访中，恩格斯决定重新研读黑格尔以及
费尔巴哈的理论著作，同时结合英法空想社会主义及资产阶级的政
治经济学理论，试图论证社会主义的合理因素，变革资本主义野蛮
剥削的现状。在 24 岁时，恩格斯在发表了《政治经济学批判大纲》。
在文中，他从唯物主义的观点出发，为经济利益对于人类发展所产
生的作用作了阐释，论证了资本主义社会的一切邪恶的根源就在于
资本主义**私有制**，无产阶级所遭受的一切劫难，都只能通过"消灭
私有制"来避免。而这一历史任务，只有工人阶级这个壮大的队伍
可以实现，这时，恩格斯作为资产阶级的一员，公开站在了工人阶

---

[1]　转引自海因里希·格姆科夫，《恩格斯传》，第 33 页。

级的阵地之上。

在这一时期，恩格斯与马克思已经保持了密切的联系，因为两人都智慧地意识到：工人阶级乃是人类解放的希望。24 岁那年，恩格斯又亲身前往拜访马克思，期间他参与撰写了马克思的一部论战性质的著作——《神圣家族》（恩格斯与马克思批判青年黑格尔派的著作，此书的名称出于出版商提议，用以讽刺鲍威尔兄弟及其支持者）。虽然恩格斯执笔撰写的部分不多，但是马克思坚持作为两人的共同作品发表。可以说，在 1844 年的这次会晤，是两个伟大的哲学家、革命战士一生友谊的开端，也是他们共同挥刀指向资本主义邪恶本质的开端。

25 岁时，恩格斯"关于英国的第一本书"——《英国工人阶级状况》出版了。书中他驳斥了社会上流行的种种关于资本主义优越性的理论，他说资本主义的产生是顺应历史发展的客观规律的，而资产阶级与无产阶级的对立也是符合历史趋势的，无产阶级的产生正是为了将资产阶级推下历史的宝座的。针对 1845 年马克思被法国政府驱逐出境的窘状，恩格斯慷慨地贡献出了《英国工人阶级状况》的稿酬，并且在给马克思的信中写道，不能让那些狗东西因为用卑劣手段使你陷入经济困境而高兴。在 1845 年 4 月，恩格斯决定迁往比利时的布鲁塞尔，以帮助、支持困境中的马克思。

同年，恩格斯与马克思游历了英国，他们从中了解到即使在共产主义者的内部也对他们的思想没有明确的理解，人们因为《神圣家族》中描写的对费尔巴哈的过高的评价而认为马恩的思想与费尔巴哈没有什么不同，因此恩格斯与马克思决定在明确阐述无产阶级理论之前，需要先发表一部反对德国旧哲学和那一时期产生的德国社会主义的论战性著作。之后的 6 个月的努力成就了《德意志意识形态》一书，其中，他们犀利地批判了黑格尔之后的哲学以及所谓的"真正的"社会主义理论，同时，他们又增加了一个章节，专门探讨了共产主义的目的、人类何时能够进入共产主义等问题。遗憾的是，这一理论巨著直至恩格斯和马克思逝世也没有被成功出版，直到1932年，《德意志意识形态》完整版才得以在前苏联面世。

　　27岁那年，恩格斯与马克思加入了正义者同盟，并且提议将其改组为共产主义者同盟①。恩格斯代表起草了《共产主义信条草案》，但是这个草案直到1914年才被冠以《共产主义原理》的标题发表。在《原理》中，恩格斯第一次较为完整地阐述了社会主义的基本特征。

　　同年11月，恩格斯与马克思接受了共产主义者同盟的委托，着手撰写党纲。党纲汇集了两人的思想，最后由马克思单独定稿，这就是后来1848年初出版的《共产党宣言》。《宣言》的出版乃是**科学共产主义**正式形成的标志，也是各国无产阶级革命运动的指导纲领。《宣言》是两人通力合作的思想结晶，正如威廉·李卜克内西所描述的："这是一部一气呵成的著作，马克思和恩格斯在思想上是一体的，在《共产党宣言》里是不可分割的，正如他们毕生的全部活动和创造不可分割一样，直到地球上还有人活着的那一天，他们的业绩和著述对于人类来说始终是一个不可分割的整体"。②

　　28岁时，马克思想要创办一份阐述无产阶级理论的杂志，恩格斯就竭力帮助马克思筹集股份，最终成功开办了《新莱茵报》，并且恩格斯在其中撰写大部分社论。虽然二人通力合作，相得益彰，但其中的文风差异还是较为明显的，恩格斯思维敏捷，行文简洁，而

① 1852年11月，共产主义者同盟宣告解散。
② 转引自海因里希·格姆科夫，《恩格斯传》，第138页。

马克思行文华丽。并且，马克思拥有独特的人格魅力，是天生的领导者，而在恩格斯暂领《新莱茵报》编辑部时，却是不得章法，最后编辑部总是处于混乱状态。

1848 年 6 月无产阶级在巴黎发动革命，这带动了整个欧洲的无产阶级运动，《新莱茵报》也积极撰文，高度赞扬无产阶级的英勇气概，同时恩格斯等人也积极在德国等地组织革命运动。然而，在 9 月，普鲁士军队却对起义进行了疯狂的镇压，恩格斯等编辑也被起诉、通缉。无奈的恩格斯只好匆匆前往比利时的布鲁塞尔，但是 10 月，恩格斯又被比利时政府逮捕并驱逐出境。5 日，恩格斯到达巴黎，由于囊中羞涩，他选择在法国境内步行 40 天，于 24 日到达日内瓦（其间经历可参见《从巴黎到伯尔尼》①）。在瑞士逗留期间，恩格斯与马克思的友谊经受了艰难的考验。恩格斯面对父母的质问以及针对马克思的谗言，选择相信亲爱的战友，而马克思面对报刊股东的压力，却选择了将所剩不多的钱财寄给了远在他乡的朋友。

1849 年 1 月，恩格斯终于回到了科伦，继续参与领导《新莱茵报》的编撰工作，但是在 5 月，恩格斯与马克思等人都收到当局的驱逐或逮捕命令，他们因此不得不再次离开普鲁士，《新莱茵报》不得不中止发行。随后，29 岁的恩格斯加入人民武装起义，在志愿部队担任副官，他勇敢无畏，完成了相当危险的任务，但是在 7 月，革命还是被镇压了。随后，恩格斯在流亡途中写下了《德国维护帝国宪法的运动》一书，总结革命的经验教训。

1849 年 10 月，恩格斯应马克思邀请，迁居伦敦，在那里，他们并肩协作，为失败的革命总结战略以及策略上的教训，为共产主义

---

① 《马克思恩格斯全集》，第 5 卷，记录了恩格斯从巴黎徒步穿越法国中部的 40 天旅途经历，但并没有完结。

的发展事业贡献强有力的理论支撑。但是，经济与政治上的困境束缚着他们的理论发展。恩格斯为了帮马克思争得充足的研究工作的时间，决定再次回到曼彻斯特的工厂工作。1850 年，30 岁的恩格斯重新成为了本家族公司的一员。

在欧门－恩格斯公司的工作，恩格斯一做便是近 20 年。商人的身份使恩格斯深恶痛绝，而枯燥的办事处也让他觉得充满了单调与乏味，他曾经不止一次想要反抗吝啬、刻意刁难的雇主，但是他深知好友马克思的艰难处境，只要是对朋友与政治有益，那么他就可以继续忍受。刚刚工作的那段时期，恩格斯并没有薪金，只有依靠父亲寄来的每年 200 英镑的生活费，而随着工作日趋稳定，恩格斯每年都可以从公司取得部分分红，正是这些分红，使恩格斯能够长期支持亲爱的马克思，使他不至于过分落魄。当然，恩格斯并不是一个无趣、压抑自己个性的人，相反，他在曼彻斯特资产阶级的圈子里相当有名，他是各种文艺协会、俱乐部的会员，他懂得利用这个城市所能够提供的一切便利的条件与设施，满足精神上的需求。

20 年间，恩格斯不仅在经济上竭尽全力资助马克思，在理论、创作方面，他也竭诚为朋友提供最大限度的帮助。他帮忙撰写某些报纸急需而马克思分身乏术的时政文章，帮助马克思将德文的著作翻译为英文。虽然伦敦与曼彻斯特在当时的社会背景下，两地交流并不是十分的便利，但是恩格斯与马克思二人的联络丝毫不受影响，他们几乎每天都会有书信传达，而据统计，仅仅在 50 年代和 60 年代，保存下来的两人的书信就有 1300 封之多。在 50 年代中期，两人就确定了主要分工：恩格斯系统地学习军事理论与语言学，以及自然科学，马克思主要研究政治经济学、世界历史以及欧洲各国的外交政策。这种分工促进了两人之间的交流与理论的延伸，他们相信，理论并不是一个人的，思想与理论的交流更可以增强革命的力量。

自迁居曼彻斯特以来，恩格斯便利用工作之余潜心研究军事理论，以期将其与工人运动理论结合，他对于当时世界范围内的战争都给予了密切的关注，并高度评价了殖民国家的反殖民战争，号召世界人民站起来反抗他们共同的敌人——资产阶级。恩格斯时常匿名发表自己的军事理论作品，这在当时已经广为人知，因此他被公认是圈子中的权威人物。

恩格斯相信，语言也是一种理论武器，当然，他本身就对语言有着浓厚的兴趣，在 50 年代初期，他就已经精通拉丁语、希腊语、英语、主要的罗曼语以及俄语，后来他又陆续地研究了斯堪的纳维亚语、荷兰语、苏格兰语、罗马尼亚语等，统计起来，恩格斯可以灵活运用 12 种语言，可以阅读 20 多种文字。这些显示了他无与伦比的语言天赋，而这也为他的理论研究与宣传创造了便利条件。

1867 年 9 月 14 日，《资本论》第一卷出版，这不仅仅是马克思的理论巨著，其中也蕴含着恩格斯的心血与付出，他曾自豪地声称，自地球上有资本家和工人以来，没有一本书像这本书那样，对于工人具有如此重要的意义。到 1868 年 7 月，已经有至少 15 家报纸或杂志刊发了关于《资本论》的简介与评论，而工人阶级中，也在逐步接受这部伟大的、代表无产阶级的理论巨著。

在 49 岁那年，恩格斯终于同合伙人欧门兄弟签订了结束共同经营的协议，协议明确欧门支付给恩格斯 1750 英镑的补偿金，通过恩格斯与马克思的通信中的言谈，可以看出这一大笔款项完全用来支付马克思一家以后几年的开销。恩格斯终于结束了苦闷的商人生活，重获自由。在 1870 年，恩格斯迁居伦敦，终于与老友相聚。

但是，经历了磨难的两个无畏的战士，又遭遇了前所未有的困难。70 年代中期，一直陪伴在恩格斯身边的玛丽·白恩士的妹妹莉希·白恩士染病，在 1878 年 9 月停止了呼吸。但是恩格斯来不及悲伤，德国的大资产阶级开始了对工人运动的严厉打压，社会民主党的处境堪忧。而几乎同一时期，马克思的健康状况日益恶化，咳嗽与头痛严重影响着这位思想家的写作。其夫人燕妮·马克思以及大女儿燕妮·龙格的相继去世，更是使他的病雪上加霜。1883 年 3 月 14 日，马克思安详地与世长辞了。3 月 17 日，满怀悲伤的恩格斯为亲爱的马克思送去了最后的致意，他在悼词中写道："这个人的逝世，对于欧美战斗着的无产阶级，对于历史科学，都是不可估量的损失。这位巨人逝世以后所形成的空白，在不久的将来就会使人感觉到"，"他的英明和事业将永垂不朽！"[①]

国际伟人——忠诚的朋友与无产阶级革命战士

这是一段艰难的时期，爱人与挚友相继离开，恩格斯感到无以言说的孤独，朋友们劝他迁到瑞士居住，但恩格斯却表示，哪里最需要他，他就去往哪里！4 月底，63 岁的恩格斯决定留在伦敦，着手整理亡友的手稿、笔记。其实，自《资本论》出版以来，工人阶级政党在很多国家建立并迅速成长起来，因此，社会上迫切需要对工人阶级革命运动的新一步理论指导，因而恩格斯自 1873 年起就着手准备撰写一部辩证唯物主义的著作——《自然辩证法》，1883 年，他毅然决定暂停自己的研究事业，潜心整理编辑马克思的遗著，期许这可以为无产阶级运动提供更大的帮助。因此，完整的《自然辩证法》一书直

---

① 转引自海因里希·格姆科夫，《恩格斯传》，第 405~406 页。

到 1925 年才由苏共中央马克思恩格斯研究院出版面世。

面对马克思极具个人特色的笔迹，恩格斯首先将内容丰富的笔记誊抄一遍，笔记中布满了缩写字以及各种符号，但是恩格斯基于对老友的了解，成功地填补了笔记中的空白，而在 1889 年，恩格斯的视力就有了明显的退化，毕竟他也到了古稀之年。直到 1894 年，在恩格斯 74 岁的时候，《资本论》的最后一卷，也就是第三卷的浩大编纂工程才最终完结。正如奥地利社会民主党人阿德勒的中肯评价"恩格斯出版了《资本论》第二卷和第三卷，就是替他的天才的朋友建立了一座庄严宏伟的纪念碑，在这座纪念碑上，他无意中也把自己的名字不可磨灭地铭刻上去了"①。

1886 年，恩格斯为了阐述无产阶级世界观的哲学原理，着手准备写一部清算以往的哲学思潮，捍卫马克思主义的著作，这就是 1886 年 4 月发表的《路德维希·费尔巴哈和德国古典哲学的终结》，此文在 1888 年被印成独立的小册子发行。这是一部蕴含了丰富革命思想的总结性著作，在该书中，恩格斯评价了黑格尔哲学及费尔巴哈理论与马克思主义的联系，肯定了黑格尔的辩证法的重大理论意义以及费尔巴哈对唯物主义的辩护，同时也批判了费尔巴哈在辩证法方面的缺失。在书中，他总结了马克思主义哲学的经典论断："全部哲学，特别是近代哲学的重大的基本问题，是思维和存在的关系问题"②。这部重要的哲学著作，成功地用科学的世界观武装了工人阶级的头脑。

在其后的一段时间内，恩格斯积极奔走，促成了第二国际，并且将马克思主义确定为革命纲领。随后，73 岁高龄的恩格斯进行了

---

① 转引自海因里希·格姆科夫，《恩格斯传》，第 450 页。
② 恩格斯：《路德维希·费尔巴哈和德国古典哲学的终结》。《马克思恩格斯选集》第四卷，第 223 页。

人生的最后一次旅行，从家乡科伦到维也纳，从维也纳到柏林，他亲眼见证了革命的阶段性成果，感受到了革命者们的热情与忠诚。最后，他回到了伦敦。热情澎湃的恩格斯又亲自操刀，动笔写了强调关注农民问题的《法德农民问题》，反对法国与德国部分党派对农民的压迫。

　　恩格斯一直都是一个乐观的人，即使 70 多岁，也自认可以完全胜任理论的研究工作，但是 1895 年，在他 75 岁的时候，疾病又缠上了他，这次是食管癌。与疾病抗争了 5 个月后，恩格斯于 8 月 5 日，永远地离开了人世。这位伟大的战士，即使缠绵病榻，也不忘记拿起他的那支象征着革命的笔，挥斥方遒；他也是一位忠诚的朋友，在生命的最后两年，他将遗嘱上马克思的名字改成了劳拉与爱琳娜以及已逝的燕妮·龙格的儿女；他更是一位胸怀宽广的人道主义者，他为德国社会民主党留下了一笔钱财，希望他们可以利用这笔钱为无产阶级运动增添新的助力。恩格斯的密友们评价恩格斯"他既是指路人，又是带路人，既是领袖，又是战士。在他身上体现出了理论与实践的结合"[1]，在恩格斯与马克思的精神的带动下，一大批人前仆后继，坚持不懈地战斗，直到推翻资本主义制度，自由平等的人团结一致地改变地球的面貌为止。

第二节　《路德维希·费尔巴哈和德国古典哲学的终结》的由来

　　《路德维希·费尔巴哈和德国古典哲学》（以下简称《费尔巴

---

① 转引自海因里希·格姆科夫，《恩格斯传》，第 554 页。

哈论》）是一本很薄的小册子，它是一部总结性的革命理论著作，在马克思主义哲学的发展史上具有不可替代的作用。它的中译本的最新版本是于1997年由中共中央马克思、列宁、恩格斯、斯大林著作编译局编译，由人民出版社出版的，是马克思主义列宁主义文库中的一部经典理论著作。这部小册子不过72页，恩格斯所用的笔墨不多，但却字字珠玑。恩格斯的写作风格简单明了，虽然没有马克思式的华丽美句，但却通俗易懂，其中也不乏犀利出彩的好词佳句。简短的行文结构、明确的逻辑概念，都会使人产生一种豁然开朗的清新之感。因此，这部著作，不仅仅可以当作马克思主义工作者的研究对象，也可以作为一部正本清源的经典，成为广大青年学生的理论读物。它可以帮助读者们了解真正的马克思主义，了解这是一个时读时新的伟大理论，这对于我国这样以马克思主义、列宁主义的中国化理论为指导思想的国家是极有益处的。

有研究者指出，恩格斯的这部著作，并没有着重强调人的主观性与实践性，而是将笔墨过多地放在了自然、社会、历史发展的客观性上面，这确实可能引起读者的误解。在德文版的《路德维希·费尔巴哈和德国古典哲学的终结》的单行本里，恩格斯还收录了马克思清算费尔巴哈理论的《关于费尔巴哈的提纲》，因此，本书在最后的一章中也将为读者介绍马克思的这篇小文。该文中强调了马克思主义中的实践性与人的主观能动性。因此，读者们可以借助这两篇经典，完整地了解马克思主义的思想理论。

恩格斯关于《路德维希·费尔巴哈和德国古典哲学的终结》这样的一部著作的写作意图其实由来已久，但是因为其他原因的耽搁，一直未能付诸实践。直到1886年丹麦哥本哈根大学教授施达克发表《路德维希·费尔巴哈》一书，试图为费尔巴哈辩护，虽然他的出发点是好的，但是他却根本不能明确地区分唯物主义与唯心主义，甚至认为费尔巴哈"相信人类进步""追求理想"等言论表明他是一名地道的唯心主义者。对此，恩格斯感到了无奈和可笑。为了正确评价费尔巴哈，恩格斯答应了《新时代》编辑的请求，发表文章评论《路德维希·费尔巴哈》一书。但是，这只是最后的一支导火索罢了。

1. 完成历史的夙愿

早在 1845 年，恩格斯与马克思共同居住在布鲁塞尔期间，他们就决定共同研究他们所持的见解与德国哲学思想体系的见解之间的对立，实际就是把在恩格斯与马克思从前的哲学信仰清算一下。事实上，在 19 世纪 40 年代，恩格斯与马克思就利用了费尔巴哈的唯物主义理论对黑格尔哲学以及青年黑格尔派进行批判反驳，但是他们并没有迷失在费尔巴哈的哲学体系中止步不前，恩格斯曾明确的提出费尔巴哈只是他们超越黑格尔哲学，建立共产主义理论体系的中间环节。

但是在当时的社会中，因为《神圣家族》的出版而盛行着马恩的理论与费尔巴哈的理论非常相近的言论，恩格斯与马克思为了与传统哲学以及费尔巴哈的哲学体系划清界线，合作撰写了《德意志意识形态》一书，书中批判了青年黑格尔派，指出他们并没有超越黑格尔的唯心主义哲学框架；批判了当时社会上流行的"真正的社会主义"以及"德国社会主义"的虚假与空洞；批判了费尔巴哈所谓的人本主义，即以爱的宗教实现人类解放的唯心主义特性，以此来说明恩格斯与马克思理论不仅与黑格尔哲学不同，与费尔巴哈的哲学也不在同一个理论高度上。但是这部书因为反对派的阻挠没有如愿出版。

转眼间 40 年已经过去了，马克思去世了，马克思主义理论体系的发展逐渐成熟，马克思主义的世界观在广大工人阶级之间产生了巨大影响，马克思主义理论已经成为了工人阶级革命运动的强大思想武器。但是马克思主义与黑格尔哲学的关系虽然在多部著作中时有提及，却都没有全面系统的清算。至于费尔巴哈，更是少有牵涉。为此，恩格斯也表明"感到越来越有必要把我们同黑格尔哲学的关系，我们怎样从这一哲学出发又怎样同它脱离，作一个简要而又系统的阐述。同样，我也感到我们还要还一笔信誉债，就是要完全承认，在我们的狂飙时期，费尔巴哈给我们的影响比黑格尔以后任何其他哲学家都大"①。但是，《德意志意识形态》的原稿中，关于费尔巴哈的那一章并没有完结，其中的批判也并不彻底，在当时的情境下并不是适合的解释性文本。因此，恩格斯决定重新撰写一篇清算他们所创立的马克思主义与一切传统哲学之间关系的著作，以了结这个历史的夙愿。

2. 挽救哲学的反动趋势

19 世纪随着垄断资本主义在世界范围内的确立，大资产阶级逐渐走向反动。马克思主义的迅速传播，引发了工人运动热情的高涨。这使得大资产阶级们为了维护自身的统治，对日益高涨的工人运动进行了无情的打压，对马克思主义也进行了无情的批判、反驳。经

---

① 恩格斯：《路德维希·费尔巴哈和德国古典哲学的终结》。《马克思恩格斯选集》第四卷，第212页。

过 1848 年的资产阶级革命，资产阶级已经逐渐放弃了传统的、蕴含革命意味的哲学，取而代之的是折衷主义、庸俗的进化论等或消极或反动的观点。恩格斯对此评价说，现阶段在公众当中流行的，一方面是叔本华式的悲观或利己主义的浅薄思想，另一方面是福格特和毕希纳之流的庸俗的巡回传教士的唯物主义。在大学里有各式各样的折衷主义互相竞争，它们只在一点上是一致的，即他们都只是由已经过时的哲学的残渣杂凑而成的，而且全部都是形而上学的。从古典哲学的残余中保留下来的只有一种新康德主义，这种新康德主义的最高成就是那永远不可知的自在之物，即康德哲学中最不值得保存的那一部分。最终的结果是现在盛行的理论思维的纷扰和混乱。

折衷主义也被称为折中主义，源于希腊文，意为"有选择的"。在哲学方面，意指既接受一种观点，又接受另一种观点。法国哲学家库桑就提出，过去的哲学家们已经阐明了所有的真理，不可能再有别的真理产生了，而哲学的任务就是从过去所建立的体系中去选择正确的部分。折衷主义哲学家简单地拼凑借过来的理论，没有自己的立场，而在 19 世纪，所谓的折衷主义更是建立在资本基础上的，其目的更是为了维护大资本家的统治。恩格斯在这里提到折衷主义，主要是指杜林关于马克思主义就是黑格尔哲学与费尔巴哈哲学简单结合的产物的言论。

另外，在 19 世纪折衷主义十分流行，不仅仅是哲学理论方面，就连艺术、建筑方面也深受其影响。其中最具有折衷主义风格的当属巴黎歌剧院。它采用了卢浮宫东廊样式的构图骨架，又加入了巴洛克式的装饰，整栋建筑富丽堂皇，名噪一时。

19 世纪 70 年代，一种新康德主义重新在德国兴盛起来。德国的一些大学教授举起康德哲学的大旗，大肆宣扬康德哲学中的唯心主义成分，宣扬不可知论，即人类永远不可能真正认识一个事物的本质；宣扬"绝对命令"的道德原则，认为哲学就是要讨论道德价值的问题，但是他们却抛弃了康德哲学中实践哲学的唯物主义因素。新康德主义猛烈攻击无产阶级的革命理论，并企图混淆马克思主义与黑格尔辩证法的关系，污蔑马克思抄袭黑格尔，指证马克思主义不过是黑格尔哲学与费尔巴哈理论的简单拼凑。新康德主义的反动理论甚至渗透到了国际工人组织——第二国际的内部，成为了一些领导人用来调和马克思主义，进而调和资产阶级与无产阶级的对立状态，以使无产阶级听从资产阶级的统治的有力武器。

这一期间的英国则出现了一种新黑格尔主义，也就是所谓的"黑格尔复兴运动"。那些英国的哲学家们抛弃黑格尔的辩证法这一合理内核，反而发展了黑格尔哲学中的绝对唯心主义、诡辩论等思想。他们宣扬世界就是绝对理性这一精神因素的体现，而绝对精神就是绝对的自我意识的完全体现，因而在他们看来，只有人类主观的意识和经验才是唯一的真实的，世界上的一切都是围绕着人类自我意识展开的，而国家则是领导人意志的体现，这在英雄式的个人意志是绝对而崇高的，因此，这就证明了在英国社会在，资产阶级统治的合理性与合法性，这显然是为英国的资产阶级服务的阶级理论。

新康德主义与新黑格尔主义的肆虐，极大地破坏了科学的马克思主义对工人运动的正确指导，因此，全面评价德国古典哲学，正面阐释马克思主义与黑格尔哲学、费尔巴哈哲学的关系，对于马克思主义自身的发展，对于国际工人运动的健康发展，都是十分必要而紧迫的。

3. 摆正费尔巴哈的历史地位

为费尔巴哈的哲学理论正名，这是最直接的原因。对于施达克的著作——《路德维希·费尔巴哈》一书，恩格斯认为其中对费尔巴哈的评价并不精准全面，而对于唯物主义与唯心主义的分析根本就是错误的。施达克本人的用意是好的，但遗憾的是他的哲学理论功底并不扎实。恩格斯在《费尔巴哈论》中明确区分了唯物主义与唯心主义的区分原则，点明了费尔巴哈的唯物主义对马克思主义的发展所提供的巨大帮助，给予了费尔巴哈所应得的正面形象。这真实地体现了恩格斯此人的宽广胸怀。同时，恩格斯对于费尔巴哈哲学理论中的唯心主义成分也给予了无情的揭露，对费尔巴哈此人整个的哲学体系进行了全面而客观的评价。

同时，通过彻底厘清黑格尔、费尔巴哈哲学与马克思主义理论的关系，恩格斯在最后一章系统地阐述了马克思主义产生、发展的历史脉络，总结了马克思主义哲学原理的各个方面，以成熟的笔伐勾勒了马克思主义的基本理论体系，为世人提供了一个深入了解马克思主义理论的科学平台。普列汉诺夫高度评价此书，认为它"集了这两位思想家的哲学观点的大成"。

第三节　关于书名的释义

恩格斯将费尔巴哈的名字标注在书名中，当然有回应施达克

《路德维希·费尔巴哈》一书的原因，同样，也是因为费尔巴哈在德国古典哲学的终结进程中发挥了谁都不可替代的作用。这里要首先解释一下**德国古典哲学**。德国古典哲学是马克思主义哲学的重要理论来源，所谓的德国古典哲学，一般都是指从康德开始，经由费希特、谢林、黑格尔的发展，直到费尔巴哈的资产阶级的哲学。这些人的哲学大都有这样的特点：反对神学桎梏；向往自由发展；建立理性思维，重新发展古希腊柏拉图、亚里士多德哲学；宏大叙事、力图建立一个完整的、包容万象的哲学体系；站在前人的肩膀上，或是批判或是借鉴，宣扬真理性的一人哲学体系，其中充满了舍我其谁的哲学家气概（当然，历史上的哲学大牛多少都有些舍我其谁、独占鳌头的历史第一人的情怀），康德的物自体以及黑格尔的绝对理念就很能说明这个问题。

黑格尔的辩证法一经产生，便标志了德国古典哲学旧有的研究方法的改变与没落，辩证法中所蕴含的流动性与革命性一举冲破了古典哲学设置的形而上的藩篱，恩格斯对黑格尔的突破发表了中肯的评价："哲学在黑格尔那里完成了，一方面，因为他在自己的体系中以最宏伟的方式概括了哲学的全部发展；另一方面，因为他（虽然是不自觉的）给我们指出了一条走出这些体系的迷宫而达到真正地、切实地认识世界的道路"[1]，黑格尔以他百科全书式的知识背景与文化底蕴构建起了一个包罗万象的复杂哲学体系，这里当然有教条式的"真理"和为了完善的体系而自欺欺人的东西，但是辩证法的能动性足以使恩格斯与马克思找到科学的思维方式。因为哲学的任务，不外乎是要求一个哲学家完成其他人在其前进的道路上才能

---

① 恩格斯：《路德维希·费尔巴哈和德国古典哲学的终结》。《马克思恩格斯选集》第四卷，第220页。

完成的事，发现其他人要在真正实践中才能够挖掘地出的宝藏，黑格尔的辩证法，正是如此意义的存在。但是黑格尔毕竟被认为是德国古典哲学的集大成者，他的哲学精神依然是束缚于康德所创立的学术传统之中的。

费尔巴哈，这个人的出现曾经瞬间照亮了恩格斯与马克思反抗黑格尔哲学的道路，点燃了这个道路上的第一盏明灯，他试图打破黑格尔的唯心主义的屏障，他发展了机械的唯物主义，他的挺身而出乃是德国古典哲学终结的标志。但是他并没有接下黑格尔革命性的辩证法的薪火，而是将它抛弃在了终结德国古典哲学的半路上，后来的新康德主义者评价他是德国唯心主义哲学的迷路的儿子，这句诘难不无合理之处，费尔巴哈踏不出传统哲学的立足之地，他的资产阶级的历史背景决定了他形而上的思维方法，这种思维方法注定了他的古典哲学的道路。

关于"终结"这个词，上文所呈现的就是它的普通的含义——马克思主义是德国古典哲学的终结者，但是根据恩格斯发表的文本来看，"终结"这个词明显是一语双关。从黑格尔到费尔巴哈，德国古典哲学经历了从顶峰到低谷的逆转。德国古典哲学是在适应资产阶级需要的基础上产生的，其中的哲学家们大多本身就是资产阶级中的一员，他们为资产阶级推翻封建统治、自己掌握国家的领导权的革命斗争提供了理论支撑，因此，在1848年资产阶级革命之前，它发挥了不可比拟的革命性的优势。但是随着资本主义大工业的发展、资产阶级的逐步掌权，德国古典哲学不可避免地表现出了相当严重的保守性。因此，自1848年革命之后，"有教养"的德国人抛弃了原有的旧的哲学体系，也就是抛弃了原来的革命性的哲学理论。当然，资产阶级的社会地位不同了，与它相抗衡的也从原本的封建势力转变成了工人阶级，他们的指导理论自然也就不同了，从革命的转化为了保守的、压迫的。费尔巴哈作为黑格尔理论的众多批判继承者之一，他的哲学只能被看作对古典哲学的抛弃途中并不成功的尝试，有心栽花却并没有结出革命的果实；而恩格斯与马克思创立的马克思主义却在吸收黑格尔与费尔巴哈理论的合理内核之后，创立了科学的社会理论，驱散了笼罩在德国革命运动之上的阴霾，开辟了哲学史上的新纪元。

因此，"终结"这个词既是表明恩格斯、马克思与德国的古典哲学明确划清了界线，他们将以往的旧哲学都撇在一旁了，同时也表明他们两人所创立的理论开辟了哲学的新境界、新纪元，他们的科学理论是建立在一个全新的社会基础之上的，这是德国哲学新的出路！以费尔巴哈为代表的哲学依旧禁锢于德国古典哲学的框架内，这个庞大的哲学体系立足于资本主义，脱离人民群众这片坚实的土地，充满了革命与妥协的两面性。它排斥平民大众，因此它根本不可能被日益发展壮大的无产阶级接受，它必须被宣告破产终结必须让位于更先进、更革命、更关注群众基础的马克思主义理论。《路德维希·费尔巴哈和德国古典哲学的终结》这个书名就是对 70 年代针对马克思主义的科学世界观的诘难的有力驳斥！这样的一个名字，既明确地表明了费尔巴哈的唯物主义，使长期处于统治地位的德国古典哲学的唯心主义意识形态逐渐消解；也表明费尔巴哈的哲学并不是一个成功的、达到真正合理的体系，他并没有成功地挽救德国哲学。费尔巴哈与德国哲学一样，他们都需要寻找一个新的出路，而这个出路，就是马克思主义哲学！

第二章　对哲学基本问题的阐述

第一节　思维与存在——全部哲学的奠基石

"全部哲学，特别是近代哲学的重大的基本问题，是思维和存在的关系问题。"[①] ——

这里所说的"思维"，不是特指意识的高级形式，而是泛指人类的意识、精神等主观世界，"存在"一词也不是特指现在存于世界的上的任何一物，而是泛指整个客观物质世界。思维与存在的关系问题，就是人的精神与物质的关系问题。当自然界的物质高度发达，最终发展到人类大脑的出现的时候，思维与存在的问题就相应出现了。

最初，在远古时代，人类不知道自己的身体构造，不明白思想源于何处，根据夜晚睡梦中出现的情境，他们得出了最原始的结论：

[①]　恩格斯：《路德维希·费尔巴哈和德国古典哲学的终结》。《马克思恩格斯选集》第四卷，第220页。

灵魂不死。他们相信灵魂是旅居在人类体内的，人类的一切感知、认识都不是人体的活动，而是灵魂的活动，梦中的一切活动也是真实的灵魂的活动，它们利用人类的睡梦，搭建黑夜里活动的平台。这样的观念使古代人相信，现实的人要对出现在他人梦境中的自己灵魂的所作所为负责，在肉体消失后，灵魂也要为这具肉体生前的行为负责。

灵魂不死的观念已经是由来已久。古代埃及人相信灵魂不死，死去的人以及他的灵魂都会进入西方冥世。冥世的生活就是人类生前生活的延续，所以生前的财富可以带到冥世使用，生前一个人所属的阶级也将适用于冥世，因此贵族大建陵寝，企图死后也继续享受尊贵的贵族生活。其后，埃及人将灵魂不死与神的观念结合起来，认为人死后要接受冥世神灵的审判：亡灵向诸神报告生前的所作所为，神灵为检验其所言真假，将他的心与一根羽毛分放在天秤的两侧，若他的心还达不到一根羽毛的重量，那么就证明他所言为虚，应该接受惩罚，被魔兽吞噬。

古希腊人受到古埃及观念的影响，同样相信灵魂不死。古希腊的哲人众多且思想繁杂，关于灵魂的学说也不胜枚举，但他们大抵都是相信灵魂不死、不灭。苏格拉底就认为人的肉体是对灵魂的束缚；人类的灵魂也具有高低的等级，肉体欲望过重的人则灵魂的等级低，反之则高，而灵魂等级最高的是哲学家，他们的灵魂已经超越了感性世界与肉体的束缚而直接面对真理，因而这是最纯洁的。

古代中国关于魂魄的学说大概相当于西方的灵魂，在中国本土，有"三魂七魄"之说，这是人能够正常生活的根本。而在佛教传入中国时，通过与本土的某些思想结合，这才产生了灵魂不死与轮回转世的说法。

　　灵魂不死的观念在当时社会并不是产生于宗教需要，而是人类对于已经根深蒂固地存在于思想中的灵魂观念的不知所措，是由人类所处时代的局限性所致。人类有限的知识无法解释梦境的匪夷所思，无法解释风雨雷电的任性肆虐，因此，那时的人类无可避免地将这些自然力人格化，产生了最初的神。人类将每一种自然力都归列为一种神力，因此人类周围就产生了诸多神灵。随着人类对于各种自然现象研究的深入，人类便发现诸神具有一定的联系和相似之处，因此通过人类思维的自然抽象化过程，或者说"蒸馏过程"，人类将许多的神合并为一个神。与人间的一级一级的森严的等级制度相对应，天上的神灵也分化为严密的等级制度，当人世间出现了统治一切的无上的君王时，天上也相应地产生了一位无上的神君，这样，人类从"互相限制的许多神中产生了一神教的唯一的神的观念"①。

　　"思维对存在、精神对自然界的关系的问题，全部哲学的最高问题，像一切宗教一样，其根源在于蒙昧时代的愚昧无知的观念。但是，这个问题，只是在欧洲人从基督教中世纪的长期冬眠中觉醒以后，才被十分清楚地提了出来，才获得了它的完全的意义。"② ——思维与存在的关系问题，在不同的时代背景下，展现以完全不同的意识形态：在古代社会，它是掩盖蒙昧的一层浅薄外衣，在中世纪，它是支撑神学宏伟殿堂的立柱，在近代，它才能够作为它自己，作为问题本身，登上思想的王位。古希腊时期，人类初具灵性，他们对神秘的自然有无限的幻想，他们是朴素的唯物主义哲学家，

---

　　① 恩格斯：《路德维希·费尔巴哈和德国古典哲学的终结》。《马克思恩格斯选集》第四卷，第224页。
　　② 同上。

也是自然科学家。他们通过聆听自然，观察自然，提出世界万物并非神创，而是由同一种物质构成的。至于这种最基本的物质是什么，则是说法不一。这是唯物主义观点的最初起源，但是这些观点只是起到了对人类的启蒙作用，并没有发展到明确提出思存关系的程度。

中世纪的哲学被称为经院哲学，是由教会经院传授、详细论述宗教教义、论证上帝存在的系统化的宗教性哲学，被人讽刺为"教会的恭顺的婢女"，它不谈实践、咬文嚼字、玩弄概念又自成一个强大且排外的体系。思维与存在的地位问题，在中世纪经院哲学中也起过巨大作用。那时，经院哲学内部曾有正统派与非正统派的斗争，这个斗争就是围绕着相关问题展开的。

正统派的代表，也就是所谓的唯实论者，他们内心坚守的第一条信念就是上帝存在，因此他们相信一般（一类事物普遍、共同享有的概念，与个别相对立）先于个别事物独立存在，因此上帝是独立存在的，是上帝创造了普世众生。非正统派，即所谓的唯名论者，他们对某些神学教条持否定意见，认为不可能有独立于个别事物而独立存在的一般，一般只是事物的名称而已。举一个简单的例子来说明：是先有桌子的概念呢，还是先有各式各样的不同的桌子，然后才有了桌子这个统一的称呼？唯实论者相信桌子这样的概念先天就是存在的，否则人类如何就能凭空做出桌子如此那般的模样呢！这显然相信思维、意识是第一性的，一物在思维中是如何的，那么它在现实中就会是如何的。唯名论者则认为人类先创造出各种桌子——木桌、铁桌、玻璃桌，然后赋予它们以桌子的名称。这在某种程度上，可以认为唯名论者认为客观存在是第一性的，具有唯物主义的倾向。两个派别之间争论的焦点就是：上帝是从来就有的，还是只是一个观念？世界是神创的，还是从来就有的？二者的争论虽然都是囿于神学框架内，但是提出这样尖锐的问题的最终结局，必然是经院哲学的瓦解。欧洲人从中世纪的神学禁锢中走出，开始提出了完全意义上的思维与存在的关系问题。

中国古代先秦时期也有过著名的"名实之争"，如公孙龙的"白马非马"论辩，就是利用了概念与个别事物的关系。但是，中西的名实之间是存在很大区别的。

第二节　基本问题——唯物主义与唯心主义的对垒

"哲学家依照他们如何回答这个问题而分成了两大阵营。凡是断定精神对自然界来说是本原的，从而归根到底承认某种创世说的人（而创世说在哲学家那里，例如在黑格尔那里，往往比在基督教那里还要繁杂和荒唐得多），组成唯心主义阵营。凡是认为自然界是本原的，则属于唯物主义的各种学派。"[1] ——

直到这里，恩格斯才明确为我们提出了唯物主义与唯心主义的划分界限——关于世界本原的归属问题，这同时也是哲学的基本问题（或最高问题）的一个方面。唯物主义与唯心主义这两个词语也只是在这个意义上使用的，除此之外，并没有其他的什么含义。那么关于唯物主义与唯心主义的划分问题，为何在恩格斯看来就如此重要呢，以至于在第二章的开端就写出了上述论断？要知道，恩格斯与马克思哲学的目标是解放全人类，唯物与唯心的争论关乎于现

---

[1]　恩格斯：《路德维希·费尔巴哈和德国古典哲学的终结》。《马克思恩格斯选集》第四卷，第224页。

实，关乎于政治斗争。当时德国人的政治争论都是在哲学的外壳下进行的，许多守旧势力归附于黑格尔哲学的强大羽翼之下，暗中操作政治和宗教斗争，因此，在如此现实之下，唯物与唯心体系的划分当然是极端重要的问题。费尔巴哈的唯物主义披荆斩棘，吹散了唯心主义笼罩在德国社会上的迷雾，于是，阵营产生了。

首先，认为世界的本原是精神的，组成唯心主义的阵营。在唯心主义者看来，精神是第一性的，而世界则是派生出来的。这个阵营又分为了客观唯心主义与主观唯心主义。客观唯心主义者就如前一个章节所描述的黑格尔和后来的施特劳斯一般，认为世界是由绝对精神衍生出来的。他们认为总有一个精神，或者理念、意志，在自然界与人类产生前就已经长久存在了，物质世界只是这类精神的外化。除了黑格尔，古希腊时代的柏拉图将"理念"认作为世界的本原，古代中国的理学家如朱熹，将"理"作为第一性的东西，将外部的客观世界作为衍生性的东西。他们都是将某种客观的、绝对的精神、原则提高到第一性的位置。而实际上，这是把人的思维抽象化、绝对化的结果。首先他们通过绝对化使个体的思维脱离人的大脑变为独立存在的实体，然后进一步将这个实体神话，为其赋予无上的权力。这样的精神就是换了装扮的上帝，可上帝也是通过六天的时间慢慢创造出了世界万物的，而这些客观唯心主义者的精神创世说，却是要比上帝难以理解许多。

主观唯心主义者则是将人类个体的感觉、意念、心灵、经验等看作是世界一切的本原，世界上的一切物质都是人的主观精神派生出来的。法国哲学家笛卡儿说"我思故我在"，中国古代心学集大成者陆九渊认为"吾心就是宇宙"，就比如说，那些花儿，当我看时，它们是存在的，当我不看时，它们就是不存在的。这些都是赤裸裸的主观唯心主义论断。这样的论断的后果必然是唯我论，即将一切事物都当作个人头脑当中的精神产物，我在，这世界就存在，我不在，那么这世界对我来说也是不存在的，没有我的主观精神，自然就没有世界上的一切。青年黑格尔派的最后一位代表人物施蒂纳宣称"唯一者"，就是明显的唯我论的论调，显然，施蒂纳已经从黑格尔的客观唯心主义一脉滑向了更加荒谬的主观唯心主义。

其次，认定世界的本原是物质的，组成了唯物主义的不同派别。唯物主义者认为自然界是独立于意识存在的，意识不过是人脑的产物，是人脑对客观物质世界的反映。唯物主义可分为3种形态：古代朴素唯物主义、机械唯物主义、辩证唯物主义与历史唯物主义。

古代的朴素唯物主义者们也大多是自然学家，他们深入探究自然风物，否认迷信的神创说，相信世界是由某些具体的原初物质构成的。如古希腊较早的哲学家们认为万物生于水，然后通过千万的变化最终复归于水。中国古代有五行说，认为金、木、水、火、土是构成世界的五行。后来，随着认识的发展，人类抛弃这些具体的物质，古希腊哲人们提出原子论，相信世界就是由微小的原子粒构成的。随后，又有了毕达哥拉斯的"数"论，中国哲人们的"气"论，等等。这些都是人类对于世界构成的最初探索。

机械唯物主义是伴随着中世纪之后的启蒙而兴起的，它又被称为形而上学唯物主义。通过"机械"与"启蒙"二词，我们就大致可以在心中描画出此种唯物主义的形态——启蒙运动以后，理性复归，生活中的一切都依赖于理性、依赖于技术，哲学当然也不例外。在17、18世纪的英国以及法国，哲学褪去了宗教婢女的外衣，却摇身一变，成为科学的代言人。那时资产阶级的哲学家们大多是科学家，他们热衷于研究机械力学，并且相信哲学就是通过这些科学的手段去研究客观世界。他们认为科学意义上的原子才是世界的本原，原子的性质就是它所组成的物质的性质，世界就如同机械的运作一般，整个都笼罩于机械力学的原理之下，甚至于人类，也不例外。霍布斯认为人的心脏与关节分别是发条和齿轮一样的存在，而拉美特利则出版了《人是机器》一书，直接将人看作是一部复杂的机器。机械唯物主义是欧洲启蒙思潮的产物，它反对神创论，支持物质世界的本原性与独立性，相信物质自身的运动本能，声称人类的思想不过是大脑的动能，这些都有力地打击了神学与唯心主义的势力。但是它的机械本性又使它显得有些庸俗，因为它只是用抽象的、生理性的理论解释思维、意识。

在这里，我们也需要理解一点，那就是中世纪的欧洲是极其黑暗、压抑的时代，基督教的强大权势对一切可能影响上帝存在地位的言论都进行无情的打压，那些科学家与理论家大部分都不敢同宗教直接对抗，所以中世纪的自然科学与社会科学没有突破性的发展。而经过了文艺复兴与启蒙运动，欧洲大陆上宗教神学的阴霾正在慢慢消散，解放了的科学家与理论家自然对于科学的发展抱有极大的热情和希望，他们希望通过科学的进步可以使人类真正摆脱宗教这种精神上的控制。在他们看来，科学就是一切进步的源头。用我们现代的眼光来看，他们提出的所谓科学论断有些是可笑的，但是在当时的社会中，那些却是了不起的成就。因为那些所谓科学的东西，代表了当时人们解放思想、抛开束缚的全部希望。

在 19 世纪，恩格斯与马克思建立了辩证唯物主义和历史唯物主义，它克服了机械唯物主义的形而上学性，在承认物质第一性的前提下，提出事物内部存在矛盾，要求用辩证、发展的眼光理解世界。这一理论促进了无产阶级革命的发展，也衍生出了列宁主义、毛泽东思想等一系列重要的科学革命思想，为俄国与中国的革命道路指引了方向。并且，现代的我国依然坚持中国化的马克思主义理论，这个理论帮助我们取得了革命的胜利，实现了人民的解放，促进了政治、经济、文化的全面发展。这些极有意义的发展、进步都证明看马克思唯物主义理论的客观性与正确性。

　　恩格斯根据思维与存在关系问题的第一个方面，划分出唯物主义与唯心主义两大阵营，厘清了哲学史长期以来对它们的错误理解与运用。在哲学这一方土地之上，哲学派别繁多，各家观点不一，大多喜欢推陈出新，以示本家身资，这样就产生了众多杂乱纷争。并且在哲学之外，也时常会有一些针对哲学理论的解读、误读，那么我们身处其中，如何能够立于纷乱却保持头脑的清醒呢？这就是恩格斯这一划分的意义所在。无论何种形式的哲学体系，总是要涉及到世界的本原问题，只要找到它们对于本原问题这个根本出发点的回答，就可以将其归类于唯物主义或者唯心主义这两大派别中，然后再进行深入考察。

　　"但是，思维和存在的关系问题还有另一个方面：我们关于我们周围世界的思想对这个世界本身的关系是怎样的？我们的思维能不能认识现实世界？我们能不能在我们关于现实世界的表象和概念中正确地反映现实？用哲学的语言来说，这个问题叫作思维和存在的同一性问题，绝大多数哲学家对这个问题都作了肯定的回答。"[1] ——

　　这一段话说明：首先，思维与存在的第一性问题只是整个关系问题的一个方面，这个问题还有另一个方面，它们共同组成思存的关系问题，而非是两个独立的问题。其次，思存关系的另一个方面

---

　　[1]　恩格斯：《路德维希·费尔巴哈和德国古典哲学的终结》，《马克思恩格斯选集》第四卷，第 225 页。

就是思维能不能正确地认识世界，这在哲学上其实就是思维与存在的同一性问题。如果认为思维可以正确认识世界，那么就肯定了同一性，肯定思维与存在是**同一**的，如果认为思维不可能正确认识世界，那么就是否定了同一性的问题，也就是认定思维与存在是不同一的。再次，思维与存在的关系问题的两个方面相互联系。一个方面讨论思维与存在谁是本原，这其实是哲学上的本体论问题，通俗说来就是世界是怎么产生的，是由人的意识产生的，还是它自身本来就存在的？它探究的是思维与存在对立的一面；另一个方面讨论思维能否认识存在，这其实是认识论的问题，它探究的是思维与存在的同一（同一并非是"统一"，而是指两种或多种事物能够共同存在。例如 A ＝ B，那么 A 与 B 就是同一的）。对本体论的回答是探讨认识论的基础，只有先确定世界的产生，才能接下来确定认识的界限，同时，对认识论的探讨反过来也可以对本体论提供佐证，如果思维可以正确认识世界，那么人类思维就可以探究出世界的本原。

根据对另一个方面的回答，即对思维可否正确认识世界的回答，哲学可以划分为可知论与不可知论。有一部分哲学家否认认识世界的可能性，或者至少是否认彻底认识世界的可能性，这样的哲学家站在不可知论的一边，其中包括休谟和康德。而绝大多数的哲学家都倾向于可知论，这里的绝大多数，包括了所有的唯物主义者，也包括了最彻底的唯心主义者——黑格尔。

休谟是 18 世纪英国著名唯心主义哲学家，主要著作有《人性论》和《人类理性研究》。他虽然是资产阶级的代表，但是在政治上却拥护封建王权，是保守的资产阶级知识分子。他受到主观唯心主义者贝克莱的影响，认为人类的认识都来自于知觉（perceptions），也就是人类的感觉。在人类的感觉之外，是否存在着物质实体这是不可知的，虽然我们的思想似乎具有无边无际的自由，但是如果我们进行切实的考察，将会发现它实际上是限制在一个狭隘的范围之内，因此人类只能知道自己的感觉，感觉之外的一切事物，它是否存在，如果存在，它是物质的还是精神的，它是否具有某些规律？这些都是无法证明的。

康德是18世纪德国古典哲学的创始人，主要的著作有《纯粹理性批判》《实践理性批判》《判断力批判》等书。康德哲学可以算作是一座难以登上顶峰的高山，其间又蕴含珍宝无数。即使是到了今天，即使是看穿了其哲学内部的唯心主义本质，他的哲学仍有发光之处，头上的星空和心中的道德律①激励了众多的读书者。

康德认为人意识之外确实存在着物质世界，这个世界可以被人的意识捕捉，但是人的意识也是有限的，它并不能认识全部的物质世界。因为物质世界存在着"**自在之物**"。人的意识就是自在之物作用于人类的感官引起的，但是人类所认识的并不是自在之物，而是自在之物的表象，就是自在之物外表所显示的那样。这里的自在之物可以作本质理解，康德的意思就是说，人类可以看到物质世界的现象，也可以理解现象，但是对于其内在的本质却是理解不了的，因为那个本质属于彼岸世界，那是属于信仰的领地，人类的认识只能认识到此岸，这就是最远的界限。如果人类妄图超越这个界限去触摸自在之物，那么就会陷入自相矛盾——**二律背反**，康德为此列举了4个二律背反的例子：

①正题：世界在时间上有开端，在空间上有限；反题：世界在

———————————

①　此处来自于康德在《实践理性批判》中的著名论述，亦是他的墓志铭：有两样东西，人们越是经常持久地对之凝神思索，它们就越是使内心充满常新而日增的惊奇和敬畏：我头顶的星空和我心中的道德律。

时间和空间上无限。

②正题：世界上的一切都是由单一的东西构成的；反题：没有单一的东西，一切都是复合的。

③正题：世界上有出于自由的原因；反题：没有自由，一切都是依照自然法则。

④正题：在时间上存在一个绝对的必须存在者；反题：世界上没有原初的必然存在者，一切都是偶然的。

因为人类的意识想要认识事物的本质，从而陷入了二律背反的泥潭，因此，康德得出了世界上的现象与本质间存在巨大的鸿沟，人类意识不可以也不能够跨过鸿沟到达彼岸的结论，由此进入了不可知论的领地。恩格斯曾评价康德的自在之物为其哲学体系中最不值得保留的部分，但是仍然不可否认，不可知论对哲学史的发展依然做出了推动作用，不可知论也掩盖不了康德哲学的伟大魅力。在当代哲学界中，没有哪一个哲学家是跳过康德而著书立说的。

康德的后继者黑格尔却支持可知论。恩格斯认为黑格尔对思维与存在的同一性的肯定几乎是不言而喻的，因为要证明的东西都已经默默地包含在他的哲学前提之中了。黑格尔的哲学中，绝对观念是无可争议的第一性的存在，世界与人类都只是它的外化，那么人类的观念、认识也就是绝对观念所慢慢展现出来的内容，也就是这整个世界的思想内容，是绝对观念的自我认识，因此，人类的思维可以完全认识世界是显而易见的。当然，大家黑格尔的论调并不是老生常谈式的、无所谓的同义反复，他的哲学中的任何事物的发展都有着深刻的逻辑发展规律，绝对观念的发展、外化、复归的不同阶段都有固定的思维形式，都是按照肯定（同一）、否定（对立）、否定之否定（同一）的过程逐渐发展起来的，他不仅论证了思维与存在的同一性，同时得出了更进一步的结论——人类要将精力从哲学理论转移到哲学实践当中去，用我黑格尔的理论来改造整个世界！当然，每个哲学家的最高期望不外乎自己的哲学被公认为哲学界的大哥，每一个普通人都能够按照他的哲学理念行事。

针对不可知论，黑格尔驳斥了休谟与康德，恩格斯对此评价说："凡是从唯心主义观点出发所能说的，黑格尔都已经说了"①。对于康德的自在之物，黑格尔指出，现象就是本质的现象，而本质就是表现在现象之中的，本质与现象不可分开孤立地看待，人类通过认识现象，就可以了解事物的本质，如果在本质之中剔除掉现象，那么所谓的"自在之物"就只是一个空洞、抽象的概念而已。针对康德的二律背反的矛盾，黑格尔则认为，在认识的过程中产生矛盾是不可避免的，这恰恰可以促进认识的进一步深入发展，这就是思维的辩证法，若是没有矛盾存在，那么也就没有思维的发展了。虽然黑格尔是用绝对精神取代了康德的自在之物，但是这不能抹杀他对不可知论的驳斥，对思维与存在同一性的肯定；虽然他唯心地颠倒了思维与存在的关系，但是他的辩证发展思想对新哲学的构建发挥了不可替代的作用。

唯物主义者认为客观的世界是独立于思维的存在，是第一性的，而思维是客观物质世界高度发达的人脑的产物，是对客观物质的反映，是第二性的。那么自然，世界上没有什么是不能被认识的，而只有尚未被认识到的，即使是那些尚未被认识到的事物，终有一天

---

① 恩格斯：《路德维希·费尔巴哈和德国古典哲学的终结》。《马克思恩格斯选集》第四卷，第225页。

也会被人类发现。

"费尔巴哈所增加的唯物主义的东西，与其说是深刻的，不如说是机智的。"① ——

费尔巴哈同样提倡可知论，他驳斥康德的自在之物，认为这不过是他没有实在依据的想象。现象与自在之物之间，不存在此岸与彼岸的距离，而人的感官则不多不少，正好可以在世界的全体中发挥认识世界的功用，但是与黑格尔相反，他不认为现象与本质之间必然存在矛盾。尽管单独的个人会受到时间和空间的制约，造成个人知识的有限性，但是这并不代表全部人类知识的有限性。一个人没有认识到的，总会有别人认识到，因此，从历史的观点来看，人类的知识是绝对的、无限的。而且，自然界也是机智而可爱的，因为它并不会将自己隐藏起来，而是会尽力向人类展现自己，就像空气会自动通过我们的口、鼻、毛孔，挤到我们的身体之中一般。由上述的言论可知，费尔巴哈站在唯物主义的立场坚持可知论，但遗憾的是，他排挤实践，认为人只是脱离社会、依赖于自然界的感性对象，不认为人类有改造自然与社会的能力。

黑格尔与费尔巴哈对不可知论的批判都在哲学界产生了重要影响，黑格尔主要是用充满逻辑、抽象的语言来辩证的论述，而费尔巴哈则是用灵巧的比喻、通俗易懂的语言来阐释。但是，不论是令人惊艳的辩证法，还是更贴合人心的费尔巴哈的人本学，都不能最终将不可知论驳倒，因为他们都没有重视实践。

① 恩格斯：《路德维希·费尔巴哈和德国古典哲学的终结》。《马克思恩格斯选集》第四卷，第225页。

第三节　对施达克唯心主义的批判

"费尔巴哈是唯心主义者，他相信人类的进步。"[1] "唯心主义仍旧是一切的基础，根基。在我们看来，实在论只是在我们追求自己的理想的意图时使我们不致误入歧途而已。难道同情、爱以及对真理和正义的热诚不是理想的力量吗？"[2] ——

施达克坚决地称费尔巴哈是一位唯心主义者，因为他相信人类的进步。恩格斯评价说他在找费尔巴哈的唯心主义时找错了地方，因为他本人对于唯物主义与唯心主义的概念就是混乱的。恩格斯在分析唯物主义与唯心主义时就曾提醒过，唯物主义与唯心主义只能用于思维与存在的第一性的关系问题之上，如果将这两个对立的名词用于其他别的方面，就很容易引起思维的混乱。施达克本人在对概念的把握上就是错误的：

第一点，把对理想的追求看作是唯心主义的，这不符合哲学的事实。施达克所谓的唯心主义，大概与康德的"绝对命令"有几分瓜葛。康德的绝对命令就是康德哲学中的伦理道德原则：这种原则是先天就存在的，而不是经过后天的教育习得的；这种原则人人都有，它是普遍的；同时也是永恒的。这种原则，或者说绝对命令就是康德的善良意志的体现。举一个例子：人不可以杀人，为什么呢？

---

[1]　恩格斯：《路德维希·费尔巴哈和德国古典哲学的终结》。《马克思恩格斯选集》第四卷，第231页。

[2]　同上。

如果认为因为杀人，就会产生不良的后果，杀人者会被处罚，那么，这样的命令只能被看作假言命令，而不是绝对命令，因为在这样的思维方式看来，善良是有条件的，是需要经过审慎思考、利益评判的。如果认为不可以杀人，因为杀人本身就是不善良的行为，那么这样的命令才是绝对命令，因为这是绝对的、没有任何利益驱动的善良意志。所以康德的绝对命令就是指人类先天就具有的，做善良的事的能力，它可以被表述为：不论做什么，总应该做到使你的意志所遵循的准则永远同时能够成为一条普遍的立法原则。

施达克认为，康德的哲学之所以称作先验的唯心主义，正是与绝对命令有关。但实际上，康德的先验唯心主义是说，时间、空间、规律是先天就有的，是存在于人类的认识能力之中的，而不是自然界自身具备的。人类将时间、空间、规律等强加给自然界，为自然界立法，因此要先对认识的能力进行研究，只有先确定人类认识的能力，才能确定认识的范围和深度，这门哲学体系就好像是人类想要学会游泳，但是害怕淹死，所以只能在岸上先学会游泳，然后再下水。虽然绝对命令这样的先天伦理理念确实带有唯心主义的色彩，但却不是康德先验唯心主义的主要阵地。

另外，德国社会中也存在一些其他的庸人们将康德的绝对命令当作唯心主义的中心，认为对道德理想的追求就是真正的唯心主义。恩格斯指出，这些庸人中以席勒等人为首。席勒是德国的资产阶级诗人，他反对封建专制，反对贵族的压迫，但是他又害怕革命，害怕暴力。在法国大革命爆发的时候，他发表了论著曲折地表达了自己的抵触情绪。他热衷的是康德式的道德观念，他认为只有培养品格完美、境界崇高的个人才能对社会进行彻底的改革。在席勒之后的资产阶级庸人们，也只知道哼唱席勒诗歌中的只言片语，通过对道德意志的崇拜表达他们发展资产阶级的种种不切实际的幻想。

　　恩格斯嘲讽地说，如果他们认为自己所怀揣的崇高的道德理想就是真正的唯心主义，那就大错特错了，因为十足的唯心主义的黑格尔恰恰对他们的道德理想追求不屑一顾。他对康德纯粹追求道德理想的空洞的伦理原则进行了尖锐的批判，他认为这种原则只是为了义务而尽义务，为了追求理想而根本不顾现实，是一种空的东西，在理论和实践上都不可能得到任何的效果。同时，黑格尔嘲讽席勒说他完全按照道德规律办事的愿望，不过是自以为高尚其实是不切实际的幻想而已。唯心主义者黑格尔对康德与席勒的批判仍然是站在唯心主义的阵地之上的，他并没有变成唯物主义者，可见，施达克等人将康德对道德理想的追求看作是唯心主义的核心的看法，是完全错误的。

　　第二点，将有追求有理想的人都称为唯心主义者，那么世界上何来唯物主义者一说。恩格斯解释说，人类的一切活动，都要通过人的头脑，也就是人的意识，即使是吃喝等活动也是由于头脑中产生饥饿的感觉而开始的，然后通过头脑发出饱足的感觉而中止。外部世界将各种事实反映到人脑中，人脑从而产生了对现实世界的各种映像，人类的感觉、思想、意志等等都是人脑对客观世界的映像的反应，是人类对这些映像的反馈，也是一种主观的力量。人类就是在各种情感、意志、思想的支配下进行实践活动，它们使人的活动没有了盲目性，增加了自觉性，这就是理想的力量。施达克将理想看作是唯物主义与唯心主义划分的依据，那么这样看来，世界上哪里还有什么唯物主义者呢？任何一个人，只要是发育稍稍正常一点的人，都有自己的想法，自己的诉求，他们都是唯心主义者吗？从这样简单的反问中，我们就可以发现施达克划分标准的错误不堪一击。

第三点，将是否相信人类社会的进步作为唯物主义与唯心主义划分的依据，显然已经消除了唯物主义与唯心主义的对立。在这里，恩格斯列举了18世纪法国著名的唯物主义者为促进人类进步所做的贡献与牺牲。伏尔泰拥护唯物主义，坚持人类的一切感觉都是客观事物的反映。他反对封建主义，抨击教会与神学的无赖本性，即使他被两次关进了巴士底狱，即使后来他被驱逐出了法国国境，他也坚决不向封建黑暗势力妥协，他的教皇是"两足禽兽""消灭恶棍"的口号永远是向往真理、不屈不挠的知识分子的斗争指南。唯物主义者卢梭出身贫寒，但思想先进有力，他提出私有制是不平等的根源，因此要消灭私有制，建立共和国，他的言论遭到封建贵族的疯狂报复，著作被焚烧，且本人被驱逐出境。狄德罗同样坚定唯物主义的立场，在编纂《百科全书》时，他曾坚定地说，作为物理学家和化学家，他是按照事物在自然界的本来面目去加以考察，而不是按照事物在他的头脑中应该的样子去加以考察的。他对宗教神学强烈鄙视，认为神父是人类理性的敌人。他的《百科全书》的编纂工作历经20多年风雨阻挠，最后终于完成面世。恩格斯对此高度评价狄德罗，认为他是为了"对真理和正义的热诚"[①] 而献出了整个生命的人。3位法国唯物主义哲学大家的斗争革命道路，是一条充满荆棘、充满积极理念的道路，因为他们相信人类进步的总趋势，相信进步的理念终究会将那些陈旧腐朽的思想打击到尘埃里。如此看来，是否是唯心主义者，与一个人是否相信社会的进步趋势并没有直接的关系。

① 恩格斯：《路德维希·费尔巴哈和德国古典哲学的终结》。《马克思恩格斯选集》第四卷，第232页。

"庸人把唯物主义理解为贪吃、酗酒、娱目、肉欲、虚荣、爱财、吝啬、贪婪、牟利、投机，简言之，即他本人暗中迷恋着的一切龌龊行为；而把唯心主义理解为对美德、普遍的人类爱的信仰，总之，对'美好世界'的信仰，——他在别人面前夸耀这个'美好世界'，但是他自己至多只是在这样的时候才相信这个'美好世界'，这时，他由于自己习以为常的'唯物主义的'放从而必然感到懊丧或遭到破产，并因此唱出了他心爱的歌：人是什么？一半是野兽，一半是天使"① ——

这一段恩格斯写得尤其精彩，也尤为辛辣讥讽。施达克为什么不能正确区分唯物主义与唯心主义？因为他不自觉地接受了那些资产阶级的庸俗的见解。针对恩格斯与马克思的科学唯物主义的发展壮大，那些资产阶级中的庸俗之辈自以为真正了解了唯物主义，将唯物主义者污蔑为贪婪投机，只懂得吃喝玩乐的唯物质至上的人，而唯心主义者则是具有高尚的品德、高尚的追求的唯精神追求至上的人。而实际上呢，真正向往物质享受、追求暗中的龌龊行为的正是这些满口美好、满口道义的伪君子。他们平日放荡不羁、挥霍成性，过着所谓的"唯物主义"的生活，只有当他们遭受破产的威胁或感到沮丧苦恼的时候，才会在口头上表示一下对"唯心主义"的热爱与追捧，并且用人的一半是魔鬼，一半是天使这样的借口来为自己开脱。他们说人生来就是具有两重性格的，一半具有野兽的性格，好吃懒做、贪慕虚荣又唯利是图，这就是所谓的"唯物主义者"，而天使的那一半博爱、善良、生性包容，是上帝的纯洁的化身，这两重身份是人生来就化不开的矛盾，因此，人类有时会干一

① 恩格斯：《路德维希·费尔巴哈和德国古典哲学的终结》。《马克思恩格斯选集》第四卷，第232～233页。

些龌龊的行当也就不足为怪了。恩格斯提醒广大的革命运动者，不要被资产阶级的庸人们扰乱了视线，真正施行野兽行当的正是这些满口道义的君子们，他们用一知半解的理论支撑，将唯物主义的科学理论歪曲成为一种享乐主义，这是一种极其险恶的用心。我们在学习马克思的唯物主义理论时也应要把握一个根本原则，就是坚持将思维与存在何者为第一性的问题作为唯物主义与唯心主义的判定标准，避免受到社会上其他教条式理论的影响。

　　至于施达克，虽然他对资产阶级的庸俗观点没有加以评判就自觉接受的做法不能被称为一种科学应有的态度，但是对于新康德主义者对费尔巴哈的猛烈攻击，他能够费尽心力加以保护，这是一种极难得的态度。不过在恩格斯看来，对于《费尔巴哈论》来说，施达克是如何驳斥的并不重要，重要的是，将看上去不甚清晰明了的关于唯物主义与唯心主义的划分原则阐述得清晰明白，这就是对无产阶级的革命运动最有帮助的事情。

第三章　对黑格尔哲学思想的清算

从这一章开始，我们正式进入到《费尔巴哈论》的原著部分。《费尔巴哈论》包括一篇序言，正文的 4 个章节以及最后的马克思遗著的《关于费尔巴哈的提纲》的附录。序言中的相关内容其实在前一个章节中有诸多涉及，它主要阐明了恩格斯写作本书的历史背景与意图。但是，在开始系统解说之前，我们认为仍然有必要突出恩格斯写作本书时的社会大背景，这有利于读者们在参考后文的解读时，把握恩格斯的理论意图以及情绪波动。

德意志民族是一个有着很高的理论修养的民族，它曾经有过辉煌的历史。但是从 16 世纪宗教改革的失败开始，它经历了屈辱的 3 个世纪，封建贵族对被统治的人民极尽打压。在其他欧洲国家，宗教的烟云正在逐步地消散，资本主义正在大踏步地发展着。而在德国，资本主义的发展受到封建顽固势力的掣肘，发展速度有如老牛拉车。但是这样屈辱的政治社会环境，哲学理论方面依然有着璀璨的成绩。从康德、黑格尔到费尔巴哈，他们的理论是支撑资产阶级行动的火把，为他们的革命照亮了黑暗的征程。但是 3 个世纪过去了，资产阶级为了一点掌控的权力妥协于封建贵族，人民群众的生活环境并没有丝毫的改变。哲学理论依旧牢牢占据思想的领域，却坚守着不向外迈出一步。

恩格斯与马克思为了改变德国社会的现状，实现人们幸福生活的愿望，在批判和吸收黑格尔与费尔巴哈哲学的基础上创立了马克思主义理论。他们提出，要想改变社会现状，必须要坚定地同敌对顽固势力斗争，而哲学这个作为指导人民行动的指南书，不能只是囿于词句之争，发表反对现存世界的空话，而是需要站立在真实的社会中，用事实的力量推动革命的进程。但是自马克思主义理论诞生之日起，就遭受了诸多指责与攻击，对马克思主义与黑格尔哲学以及费尔巴哈哲学关系的歪曲言论甚嚣尘上。恩格斯与马克思愿意承认对黑格尔与费尔巴哈哲学的借鉴与吸收，但是这并不能表明他们可以接受将马克思主义的唯物主义观点与唯心主义的虚幻混为一谈，这对于革命具有极大的破坏性。

针对对于马克思主义的攻击与歪曲，恩格斯曾多次撰写文章予以驳斥，而《费尔巴哈论》正是其中全面评价黑格尔哲学与费尔巴哈哲学的代表性著作。其正文包括了4个章节，第一章就是分析了黑格尔哲学产生的时代背景，肯定了黑格尔哲学中辩证法这一合理内核，说明了恩格斯与马克思的理论正是从黑格尔的辩证法出发的，同时也批判了黑格尔哲学体系和方法中的矛盾，指出黑格尔为遵循传统以及满足哲学家的虚荣心而创造一个完整的理论体系的虚幻本质，说明了黑格尔哲学的解体乃是社会发展的必然。

黑格尔哲学是有名的艰深哲学，他的哲学体系涉及政治、经济、道德、伦理等众多领域，我们不可能只用一个章节就对其哲学体系进行完整的阐述，读者们也不可能只通过这一个章节就深刻地理解了黑格尔，因此我们只是在恩格斯的批判基础上，对涉及到的黑格尔哲学理论进行一定的剖析，对黑格尔的理论体系有进一步兴趣的读者们可以根据本章的解说，对黑格尔哲学作进一步探究。

第一节　黑格尔哲学的诞生背景

任何的一类哲学或者文学，都是当时的社会发展的产物，它们所反映的，都是当时某一特定阶级的政治、经济发展状况，而黑格尔哲学背后挺立的，正是德国的古典哲学以及资本主义经济制度。

"我们面前的这部著作（即施达克所写的《路德维希·费尔巴哈》一书[①]）使我们返回到一个时期，这个时期就时间来说离我们不过一代之久，但是它对德国现在的一代人却如此陌生，似乎已经整整一个世纪了。然而这终究是德国准备 1848 年革命的时期；那以后我国所发生的一切，仅仅是 1848 年的继续，仅仅是革命遗嘱的执行罢了。"[②] ——

施达克为费尔巴哈辩护的《路德维希·费尔巴哈》一书，光景重现般地回到了 1848 年，那时距恩格斯写作本书时间上不过 40 年，可是因为 1848 年的德国革命之后，社会发生了天翻地覆的变化，以至于再想来就是恍若隔世的感觉，以至于后来出生的青年一代对于那场革命只有满满的陌生感。革命之前，德国是一个四分五裂的封建专制国家，而革命之后，资本主义快速地发展扩张，资产阶级的权势与地位扶摇直上，封建的统治已经岌岌可危。同时，资产阶级

---

① 编者注。
② 恩格斯：《路德维希·费尔巴哈和德国古典哲学的终结》。《马克思恩格斯选集》第四卷，214 页。

羽翼的逐渐丰满，引起的不仅仅是封建贵族的不满，广大的工人阶级也爆发了一次次的抗议运动，马克思主义的科学理论在思想领域方面逐渐代替德国古典哲学，成为工人运动新的指南。这些新的变化，都是 1848 年革命后的结果，没有那次资产阶级的革命，那么这所有的变化就都是枉然了。

"正像在 18 世纪的法国一样，在 19 世纪的德国，哲学革命也作了政治崩溃的前导。但是这两个哲学革命看起来是多么不同啊!"① ——

17 世纪的英国，18 世纪的法国，资产阶级就在逐渐成长，羽翼慢慢丰满，可是在德国，19 世纪初期才产生了资产阶级的雏形。因为当时的德国是一个拥有 360 个邦国、复杂混乱的封建国家，即使后来经过合并，也还有 34 个邦国并 4 个自由市，这样的割据局面不可能为资本主义提供健康发展的土壤，恩格斯曾对 19 世纪初期的德国社会情况有一个切实的描述，其中蕴含了深深的厌恶之感：这是一堆正在腐朽和解体的讨厌的东西。没有一个人感到舒服。国内的手工业、商业、工业和农业都极端凋敝。农民、手工业者和企业主遭到双重的苦难——政府的搜刮、商业的不景气。贵族和王公都感到，尽管他们榨尽了臣民的膏血，他们的收入还是弥补不了他们日益庞大的支出。一切都很糟糕，不满情绪笼罩了全国。没有教育，没有影响群众意识的工具，没有出版自由，没有社会舆论，甚至连比较大宗的对外贸易也没有，除了卑鄙和自私就什么也没有。一种卑鄙的、奴颜婢膝的、可怜的商人习气渗透了全体人民。一切都烂透了、动摇了，眼看就要坍塌了，简直没有一线好转的希望。因为

---

① 恩格斯：《路德维希·费尔巴哈和德国古典哲学的终结》。《马克思恩格斯选集》第四卷，214 页。

这个民族连清除已经死亡了的制度的腐烂尸骸的力量都没有。这些平白的话语，却恰恰有一种直指人心的力量，恩格斯一定是对那个社会失望至极，才会发出这样冷静却又力透纸背的感叹。

确实，德国的资产阶级先天不足，发育不良，他们根本不敢正面与封建势力对抗。但是法国的大革命给了他们希望，让他们鼓足了勇气迈出反抗封建权贵的第一步。而这时，由于资产阶级与无产阶级矛盾的日益升级，英法等国又相继爆发了各种的工人运动，这又使德国资产阶级胆怯地停止不前，因为他们对无产阶级的惧怕更甚于封建势力。因此，他们一方面想要摆脱封建势力根深蒂固的压迫，建立代表资产阶级利益的民主政体，却囿于自己微末的势力，不敢轻易尝试；另一方面他们又恐慌于工人阶级的革命热情，希望可以在封建王朝的庇护之下为资本主义的发展谋一席之地。这样的保守性质也在代表资产阶级利益的古典哲学体系之中尽显无疑。

18 世纪，代表法国资产阶级利益的哲学家们公开站在了封建势力的对立面上，孟德斯鸠、伏尔泰、狄德罗等人旗帜鲜明地反对一切官方科学、教会，反对禁锢人类思想的宗教，也同国家进行公开的斗争，他们启迪人们为改变现存的封建制度而奋起，他们真正为法国革命拉响了前进的奏鸣曲。而这样旗帜鲜明的后果则是不可避免地受到教会的迫害，他们的著作只能在荷兰或是英国印刷出版，"而他们本人则随时都有可能进巴士底狱"。可是，反观德国的哲学家们，他们持有的是唯心主义一脉的理论体系，他们的哲学体系中或多或少都为德国当时的封建专制制度作了辩护，因此，他们是一些教授，是一些由国家任命的青年的导师。他们的著作是公认的教科书。康德就曾经是格尼斯堡大学的校长，费希特是耶拿大学以及柏林大学的校长，黑格尔也曾担任柏林大学的校长职务，并且，黑格尔哲学中的某些部分，甚至得到了德国封建国王的青睐，被认为是为封建制度的最佳辩护，因而后来黑格尔的哲学被提升为普鲁士的国家哲学。可见，他们的哲学中即使有革命的一面，那也是隐蔽的、曲折的，恩格斯对此嘲讽地感慨："在他们的迂腐晦涩的言词后面，在他们的笨拙枯燥的语句里面竟能隐藏着革命吗？"①

为了更好地对上述内容有深入的了解，对孟德斯鸠、伏尔泰、狄德罗3个伟大的哲学家进行简要的介绍。孟德斯鸠、伏尔泰、狄德罗他们都是18世纪法国大革命中杰出的思想家、哲学家。孟德斯鸠是百科全书式的学者，他的"三权分立"学说至今为大多数资本主义国家采用。伏尔泰是法国革命中公认的领袖，他的文学著作寓意深远，但是他对群众抱有偏见，认为国家的领导权应该由少数富人掌控。狄德罗的一生中，一面积极同传统宗教、专制主义斗争，一面全力编纂《百科全书》，最终使这部汇集了当时自然科学和社会科学最新成果的巨著得以出版，他为自然科学与社会科学的发展而奋斗了几十年，无愧于百科全书派领袖的称号。

但是，接着上述的问句之后，恩格斯的笔锋一转，指出无论是封建的政府还是资产阶级的自由派，确实都没有看到黑格尔哲学中的革命一面，可是有一个人却看到了，那就是亨利·海涅！海涅说德国的古典哲学中确实是蕴含有革命的成分的，只是德国人们的爆发并没有来得太迅速，而是有点缓慢，不过，革命一定是会到来的。黑格尔是完成了德国哲学革命的"最伟大的哲学家"，他的哲学并非是空洞繁琐的论证，而是资产阶级革命的"战鼓"，在他的号召之下，德国人民会逐渐清醒，向着解放的征程迈进。

---

① 恩格斯：《路德维希·费尔巴哈和德国古典哲学的终结》。《马克思恩格斯选集》第四卷，214页。

第二节　黑格尔的辩证法

恩格斯列举了黑格尔哲学中的一个命题，用以讽刺普鲁士政府和资产阶级自由派的"近视"——"凡是现实的都是合乎理性的，凡是合乎理性的都是现实的"①。

在普鲁士政府看来，这样的一个命题，不正是把现存的一切都神圣化了吗！德国当时存在的不正是普鲁士的封建国家吗！这是在哲学上为封建的专制制度、为警察制度、为专断的司法、为蛮横的书报检查制度释罪开脱啊！因此，弗里德里希·威廉三世（弗里德里希·威廉三世（1770—1840）他是 1797—1840 年期间在位的普鲁士国王。1807 年，普鲁士王国在同拿破仑的法兰西第一帝国的战争中失利，弗里德里希·威廉三世不得已在国内进行了有限的民主改革。1815 年，拿破仑在滑铁卢战役中彻底失败，普鲁士加入了由俄国沙皇发起的，旨在维护君权神授的封建君主制度的神圣同盟，并且在奥地利首相、保守主义者梅特涅的支持下，背弃了民主改革的纲领，加强了君主专制统治。恩格斯认为弗里德里希·威廉三世乃是"最无用、最可恶、最该死的国王"）高度赞赏黑格尔，文教大臣们称他"使哲学具备了对待现实的唯一正确的态度"。而自由派却对此表示了无比的愤怒及强烈的鄙夷，他们讽刺黑格尔的哲学不是长在科学的花园里，而是长在了阿谀奉承的粪堆上的哲学毒瘤。

---

① 恩格斯：《路德维希·费尔巴哈和德国古典哲学的终结》。《马克思恩格斯选集》第四卷，第 215 页。

　　恩格斯经过深刻的剖析，发现这句命题并非是它表面看起来的那样。"现实的"就是指现在存在的吗？如果是这样的，那么就是"凡是现在存在的，都是合乎理性的"，这样一来，这确实为当时存在的封建制度提供了辩护。但是黑格尔也曾对"现实的"做过这样评述：必须认识和区别什么是真正现实的，在庸人的生活中，一切都是现实的，但在现象世界和现实之间是存在着区别的，"在日常生活中，任何幻想、错误、罪恶以及一切坏东西、一切腐败幻灭的存在，尽管人们都随便把它们叫作现实。但是，甚至在平常的感觉里，也会觉得一个偶然的存在不配享受现实的美名。因为所谓偶然的存在，只是一个没有什么价值的、可能的存在，亦即可有可无的东西"①。所以，黑格尔意义上的"现实"并不是我们现在所理解的"现在确实存在的东西"，例如，小说中不切实际、异想天开的描述，虽然它已经被刻印出来了，被出版了，被读者们看到了，甚至在读者的头脑中已经描绘出了相应的场景，这也是不现实的。

　　"现实性这种属性仅仅属于那同时是**必然**的东西。"② ——

　　必然性就是指事物发展中确定不移的总趋势，是指事物内部蕴含的不为外物所影响的规律性。所以，现实的东西也必然是那种合乎规律的东西。黑格尔列举了普鲁士当时施行的"某种税制"，他认为这不合乎情理或国家实际状况，因此这种税制即使被施行了，它也是不合理的，这表明黑格尔不认为普鲁士当局当下的任何一个措施能证明是现实的。因此，将黑格尔的这个命题应用到当时的普鲁士国家，就是意味着：这个国家只是在它是必然的时候，才是合乎

---

　　① 黑格尔：《小逻辑》，商务印书馆 1982 年版，第 44 页。
　　② 恩格斯：《路德维希·费尔巴哈和德国古典哲学的终结》，《马克思恩格斯选集》第四卷，第 215 页。

理性的，如果随着时间和背景的推移、改变，必然性转变成了非必然性的，那么这个国家的存在就不再是合乎理性的了。那么为什么在非必然的时候，也就是当所有人都对它厌恶的时候，它为什么依然可以存在呢？恩格斯认为这是因为政府的恶劣终究可以从臣民的恶劣中找到理由。普鲁士政府的统治已经不符合当时的社会发展趋势，但是资产阶级无能懦弱，他们不敢将政府推翻，只能任其苟延残喘。

同时，黑格尔也克服了他所谓的形而上的研究方法，他指出现实性不是说某种政治状态在一切时代都具有的属性，也就是说，现实性不是一个事物能够永远拥有的属性。例如"罗马共和国是现实的，但是把它排斥掉的罗马帝国也是现实的"[①]，公元前 510 年，由于平民与奴隶主的斗争，古意大利一代建立了奴隶制的罗马共和国。共和国的出现并不是偶然的，而是奴隶社会经过了生产力的发展以及社会分工的结果。在共和国建立了之后，土地逐渐集中，由于战俘的增加，导致了劳动力的增加，这些都进一步促进了国家的兴盛繁荣。因此，罗马共和国的建立是符合历史发展趋势的，是现实而合理的。国家的强大加剧了统治阶级自信心与虚荣心的膨胀，在无数次的征战以后，罗马共和国逐渐统一了地中海地区，建立起了一个强大的奴隶制帝国。

可是奴隶制经济的发展，加剧了国内的阶级斗争，地中海沿岸被占领国家的人民也不断进行起义，反抗罗马贵族的统治。公元前 73 年斯巴达克带领着奴隶们爆发了大规模的起义，起义大大削弱了共和国的统治。奴隶主阶级为了稳固自身的统治，用君主专制取代

---

① 恩格斯：《路德维希·费尔巴哈和德国古典哲学的终结》，《马克思恩格斯选集》第四卷，第 215 页。

了共和制，公元前27年，封建制的罗马帝国建立起来。对于发展着的历史来说，罗马帝国的出现也是现实而合理的，而共和国则因为历史的发展，逐渐失去了必然性，因此也失去了存在的合理性。

因而，法国的君主制早在1789年就已经失去了它存在的必然性与合理性，法国资产阶级爆发大革命、推翻它的统治是必然的，故"君主制是不现实的，革命是现实的"[1]。据说黑格尔对法国的大革命总是怀有极大的热情，当大革命发展到高潮的时候，黑格尔还种了一棵象征着自由的树，以此作为纪念。

现实性与必然性都是在运动发展着的，从前一切现实的东西都会变为不现实的，丧失存在的必然性，"如果旧的东西足够理智，不加抵抗即行死亡，那就和平地代替；如果旧的东西抗拒这种必然性，那就通过暴力来代替"[2]，这样的描述生动地说明了黑格尔的辩证法，说明了他的辩证法的运动本质与革命本质。这是宇宙发展中不可抗拒的自然法则——宇宙中新鲜事物的发展是不可逆的，不可能通过阻挡就可以使它消亡；同时，走向衰老的事物的前途也已是预定好了的，即使是重新显现的强壮与活力也只能是行将就木之前的回光返照而已。

新事物取代旧事物的方式是多样的，有温和地改进也有暴力地取代。这里，恩格斯依据黑格尔的辩证法指出，凡是之前表现为合理的、现实的事物，它本身也包含了不合理的因素，总有一天它会变得不合理起来；而即使是当下认为荒诞不经的事物，同当下现存的一切表现为不和谐的事物，总有一天也会变成现实的、合理的。

---

① 恩格斯：《路德维希·费尔巴哈和德国古典哲学的终结》。《马克思恩格斯选集》第四卷，第215页。

② 同上，第216页。

因此，恩格斯顺着黑格尔的辩证法思想，将黑格尔的命题转变为"凡是现存的，都一定要灭亡"。我们先不论黑格尔的辩证法的真正意图，恩格斯已经在这里透过黑格尔的辩证法阐明了他与马克思的革命意图——旧的势力已经被历史发展趋势所不容，它的消亡根本就是命中注定的，如果旧的势力顽固不堪，那么必须要用暴力革命将其推翻！这对于当时德国的运动状况具有不小的实践指导意义。

那么黑格尔又是否真的在他的命题背后影射了某种意图呢？根据前人分析的资料来看，黑格尔曾经对海涅说过"凡是合理的必然都是现实的"，说完之后，便迅速地环顾四周。也就是说，只要是顺应发展规律的革命，它终是会发生，会变成现实的，黑格尔本人当然是意识到了辩证法中的革命意味，只是因为谨慎、害怕不敢直接表露出来罢了。

对于黑格尔来说，恩格斯认为他的哲学彻底地否定了关于人的思维和行动的一切结果都具有最终性质的看法，哲学不再是一堆一成不变的教条，对所谓的真理的认识是永无止境的。在以往的形而上学体系中，总是充斥了一种"终极真理"的概念，真理一经发现，就是永恒不变的。但是黑格尔的现实性和必然性的理论表明：真理是在认识过程中发展的，科学只是从较低阶段向较高的阶段发展而已，但是却没有一个最高级的阶段，也就是说根本没有所谓的"终极真理"。这样一来，相对的真理不是袖手旁观就能不费吹灰之力得到的，人类只有一代一代地潜心探索，站在前人的肩膀上继续向上攀爬，才能发现宇宙中隐藏的秘密宝藏。

人类自身是如此，国家、历史的发展也是如此，历史不可能以在人类看来最理想的状态中结束。因为，国家在各种不同制度的更替中发展、灭亡、重建，奴隶制、封建制、资本主义制度、社会主义制度等也只是人类为社会发展所做出的尝试、探索而已，每一种制度对于当时的社会状况来说都是必然的，但是，每一种制度也必然都会在高度地发展之后被其他更合理的制度取代。社会主义的制度也不例外，所谓的最完美的国家、最健全的制度都只是相对而言的，或者只是人类头脑中的幻想。

恩格斯总结了黑格尔的辩证法，以唯物主义的立场概括了3个方面：

（1）事物是不断变化发展的，而变化发展的总的趋势是上升的、前进的。"不存在任何最终的东西、绝对的东西、神圣的东西；它指出所有一切事物的暂时性"①。

（2）主观的辩证法乃是客观辩证法的反映。哲学"本身就是这个过程在思维着的头脑中的反映"，思维与存在本来就是一致的。只是在黑格尔那里，外界的存在本身就是由思维或者说绝对观念外化出来的，它最终还是会复归于思维。因此恩格斯与马克思评价说，黑格尔将辩证法颠倒了。外部的存在是顺应客观规律自然发展出来的，人类也是自然的产物，人类的思维乃是客观存在在人脑中的映射，因此人类的思维可以根据社会发展的状况归纳出发展的客观规律，从而进一步改造世界。

（3）运动是绝对的，静止是相对的。每一个社会对于它那个时代而言都有存在的理由，社会并非每时每刻都动荡变换的，每一个社会、每一种制度都有相对的稳定期限，在这一段时期中，社会内部只是发生着量的变化，而直到一个更高的、更合理的制度产生之后，它才会发生质的变化，改朝换代。因此人类总体的发展是前进、上升的，这是绝对的；在每一个阶段又具有相对的稳定性，这是相对而言的。

---

① 恩格斯：《路德维希·费尔巴哈和德国古典哲学的终结》。《马克思恩格斯选集》第四卷，第217页。

第三节　黑格尔圆圈似的哲学体系

上述关于辩证法的阐述并非都是由黑格尔明确描述出来的，因为我们知道，他具有德国古典哲学一贯的特点——隐晦、曲折、体系化。如同其他人一样，黑格尔也不得不去建立一个体系，因为遵循传统哲学的路子，哲学体系是一定要以某种绝对的真理来终结的。对绝对真理的探索之路是曲折而漫长的，只有经历一系列的阶段，人类才能认识到绝对的真理，而黑格尔的哲学，正是为准备探寻真理的人类准备的攀爬的阶梯。

在黑格尔的哲学体系中，《精神现象学》可以看作是他整个哲学的开端，他在书中说明了他开创的哲学体系的基本观点，说明了基本的方法。其后的《逻辑学》、《自然哲学》和《精神哲学》则具体阐述了他的体系内容，说明了他的绝对观念外化为自然界，然后又重新复归于绝对观念自身的运动过程，现在让我们简单地了解一下这个发展过程。

（1）逻辑阶段。在黑格尔的理论体系中，"绝对观念"是一个抽象的、纯粹的概念本身，它自身包含了矛盾以及运动的属性，因而它可以从一个概念向另一个概念转化。就如同细胞的分裂一般，由一个细胞分裂为两个，两个细胞分裂为 4 个，随着分裂的次数越多，细胞数量就越多。所以概念本身经过多次转化，概念变得越来越复杂。

（2）自然阶段。绝对观念在转化达到顶峰之后，不堪忍受自己的空洞，想要追求实际的内容，因此它外化为自然界，开始了新了发展过程，而自然界中的一切其实就是包裹着外壳的思想。自然界经过混沌的机械阶段，发展到出现了行星、出现狂风暴雨的物理阶段，最后发展为孕育出植物、动物以及人类的有机性阶段。因此，不论是整个的自然界，还是我们人类，在黑格尔看来，都是绝对观念这个精神因素运动发展的结果。

（3）精神阶段。自然界的产生乃是精神的堕落与退化的结果，观念要主动摆脱外壳的束缚，摆脱那个一无所是的形式，回归到精神的状态。这一过程则是通过主观精神进化到客观精神，即由个人的心灵进入到社会道德、伦理的层面实现的，然后客观精神继续进化就达到了绝对精神，这是通过艺术、宗教和哲学完成的。这就是说，绝对精神最后是在人类的意识这里达到完善的状态的。

尽管在《逻辑学》中，黑格尔强调了所谓的绝对真理不过是历史的发展过程本身，但是他还是逃脱不了传统哲学的藩篱，他不得不为自己找一个终点，不得不这在这个终点上结束他的体系，这就是绝对观念。为了完成他的体系，黑格尔设置了上述如此这般的哲学说明，而人类的生存、人类的历史，就是按照他设置的哲学体系走下去，找到绝对观念的历程。但至于这个绝对观念到底是什么，黑格尔自己也说不清楚，恩格斯总结说，这个绝对观念，也不过是上帝的代名词而已。黑格尔的哲学从绝对观念开始，最后又回到绝对观念，这个复归的过程，这就是通过他自己的哲学体系达到的，这样看来，黑格尔的哲学体系就是前无古人后无来者的哲学史上的最高成就。

通过黑格尔的哲学，人类已然认识到了绝对观念，根据历史的发展规律体现了绝对观念的发展规律来说，人类在实践中必然也已经达到了实现这个绝对观念的地步。因此，根据这个理论，我们可以得出普鲁士国家的发展已经是人类历史的顶峰这样的结论。完整的哲学体系中上述的教条内容已经完全将辩证法中的革命因素掩盖住了。在黑格尔的《法哲学》一书中，他阐述了自己的国家和社会观点，他说绝对观念应当在弗里德里希·威廉三世曾经允诺的君主立宪制政体中实现。古代的国家大都是透过外在于人的、宗教式的力量来进行统治，而现代的国家发展为君主立宪制是巨大的成就，因为现代的国家已经不再求助于异己的力量了。因为人民就是不知道自己需要什么东西的无知者，所以在一个国家中，君主就是绝对观念的化身，君主就是现实的上帝，只有君主才能维持一个国家的长治久安，君主制乃是最理想的社会制度。但是君主专制的制度却是不可取的，一个国家也需要支撑君主地位的贵族和资产阶级，国家的重大事项不可以由君主一人决策，君主的权力也应该受到法律的制约。法律可以由贵族与资产阶级制定，这样，在维护君主制的同时，也维护了贵族与大资产阶级的利益。在君主专制中，由于君主权力的至高无上性，很容易产生暴政，从而引起自下而上的反抗。而君主立宪制的国家中，由于君主的权力受到一定的限制，可以避免独裁与暴政。因此黑格尔青睐的是中世纪的等级制与现代的立法权的混合体。他提倡现代的立法权，但是要为其披上中世纪等级制度的外衣，这在黑格尔看来，就是最完美的政治制度。

　　为什么具有革命性的辩证法却最终导致了如此温和而保守的政治主张呢？恩格斯精辟地解答："黑格尔是一个德国人，而且和他的同时代人歌德一样，拖着一根庸人的辫子，歌德和黑格尔在各自的领域中都是奥林波斯山上的宙斯，但是两人都没有完全摆脱德国庸人的习气"[①]。

　　所谓的"德国人"就是指1848年之前的德国资产阶级，他们具

---

　　① 恩格斯：《路德维希·费尔巴哈和德国古典哲学的终结》。《马克思恩格斯选集》第四卷，第218页。

有革命与保守的两面性，一方面对封建制度不满，希望推翻封建制度，建立资本主义的共和国；而另一方面却又软弱无能，希望依附于封建贵族从而得到微末小利。当时德国社会中以及文学与哲学创作领域中，这样的"德国人"比比皆是，如文学家歌德，他与黑格尔一样，乃是当时德国学界的集大成者。可是除了时而叛逆时而隐晦的文学创作，在思想文学界引起轩然大波之外，他们在政治上毫无动作。海涅无奈地评论说，不同于法国人敢于突破巴士底狱的果断与坚决，德国人只能为突破旧的学说而贡献一点微薄之力。黑格尔与歌德摆脱不掉"德国人"骨子中的软弱本性，恩格斯曾就歌德进行了一番评判："歌德有时非常伟大，有时极为渺小；有时是叛逆的、爱嘲笑的、鄙视世界的天才，有时则是谨小慎微、事事知足、胸襟狭隘的庸人"①，这在某些方面也与黑格尔非常契合。谨小慎微的德国人自然不敢也不能提出革命的口号，在政治上也不能实现更大的突破。

保守性也掩盖不了黑格尔哲学的伟大之处，他的哲学体系宏大庞杂，每一个理论其中又可以分为各个不同的学科加以分析，在哲学、法哲学、宗教学、美学、逻辑学等众多学科中，都可以找到黑格尔做出的划时代的重大贡献，恩格斯客观地赞誉黑格尔，认为他是一个"富于创造力的天才，而且真正是一个百科全书式的学识渊博的人物"②。我们不需要因为他的旧的古典哲学的背景，就对他的哲学退避三舍。事实上，黑格尔的很多理论都具有独特的、创造性的见解，很多理论也成为了现代诸多哲学家的理论基础或理论研究

---

① 恩格斯：《诗歌和散文中的德国社会主义》。《马克思恩格斯全集》第四卷，第256页。

② 恩格斯：《路德维希·费尔巴哈和德国古典哲学的终结》。《马克思恩格斯选集》第四卷，第219页。

对象。有很多的思想是可以时读时新的，而黑格尔的某些理论，正是具有这样的魅力。

由于体系的需要，黑格尔又不得不将他的丰富的理论著述强制地塞进三段式的结构中，这样的结构一直遭到杜林等人的批判，可是恩格斯却说，这些结构只是黑格尔体系的脚手架，根本不足畏惧，只要人们不是一味地停在结构之外，驻足不前，而是深入到黑格尔体系的深处，那样，就会发现无数直到今天仍然有意义的珍宝。

传统的哲学家将哲学凌驾于一切科学之上，企图通过论证一个颠扑不破的真理的存在以满足人类精神的需要，但是自然界与人类的历史是永远不会完结的，人们无法从现存世界的实践中看到遥远未来的发展状态，推导出绝对真理的内容，因为那是人类在他们的前进过程中才能完成的事业，任何一个哲学家在受到历史和科学条件的限制的情况下，都不可能独自提前完成这样的任务。即使每一代都有哲学家宣称找到了绝对真理，宣称已经达到了哲学的终结，但是，这样的哲学也总是被后来者突破。他们力求建立一个最终的体系，但是这个最终的体系经过历史的发展却证明并不是最终的、最完美的，这样一来，哲学家们陷入了不可解决的矛盾中，或者说是哲学体系的迷宫之中。恩格斯说，这样一种体系化的哲学，是要求哲学家单枪匹马地完成只有在全人类的前进发展中才能完成的事情。对于这个真相的发现，黑格尔功不可没。因为黑格尔告诉世人：一切都是运动发展的，发展是没有终结的，就是哲学也不例外。因此，任何人都不可能穷尽人类一切的发展规律，任何人都不应该去追求绝对的体系。要求哲学家完成全人类在其前进发展中才能完成的事业，这本来就是异想天开的，哲学家们能做的，就是利用科学和思辨的思维去追求当下时代中的相对真理。恩格斯说，旧的哲学体系在黑格尔那里达到了顶峰，哲学在黑格尔那里完结了。这不仅因为他在自己的宏大体系中概括了哲学的全部发展，而且它还在于他无意之间为哲学家们指出了一条走出迷宫的路——放弃绝对观念的幻想，走上真正认识世界的道路。

第四节　黑格尔学派的分化

黑格尔的哲学因为其独特的革命性与保守性的"完美"结合，在当时的德国国内受到了极其强烈的追捧。从 1807 年到 1831 年，他的哲学一直在德国学界独占鳌头，即使是在他去世之后，他的哲学也没有表现出衰落的势头，反而在普鲁士对民主革命进行残酷镇压的时候，他的哲学统治达到了顶峰。他的哲学思想不仅占据了资产阶级的头脑，也感染了封建势力，不仅渗透进了各个学科，也渗透进了通俗的读物和日报。

但是，正如他自己的辩证法所说的，事物总是处于发展之中的，即使是处于顶峰时期，谁也不能保证下一秒就会发生什么。19 世纪 30 年代末期，黑格尔哲学的追随者的内部开始出现分化，出现保守派与激进派。这是自然而然的事情，随着英法等国陆续发生资产阶级的革命，德国的资产阶级也受到鼓舞，而因为资本主义经济发展，德国国内的矛盾进一步激化，资产阶级与封建势力的较量日益明朗化。针对这样的情况，自然有一些先进的人物开始明确反对封建专制，要求资产阶级掌权，与之对立的，自然也有不同意草率冒进的保守主义者。保守派也就是老年黑格尔派，他们坚守黑格尔哲学的唯心主义体系，向封建贵族妥协，维护普鲁士政府；积极派即青年黑格尔派，他们继承了黑格尔的辩证法，主张改革，反对普鲁士封建统治。

对于这次的解体，普列汉诺夫指出，这是必然的。当德国生活的脉搏跳动地还算缓慢，即资本主义发展得还不完全的时候，黑格尔的学说还是保守的。而随着社会脉搏的跳动加速，即资本主义进入快速发展时期，黑格尔的保守性日益被辩证的进步因素排挤到末尾了。那么黑格尔本人的倾向如何呢？恩格斯回答说，虽然在黑格尔的著作中频繁地爆发出"革命的怒火"[1]，但总的来说，他的哲学还是倾向于保守一面的，因为他在体系上所花费的"艰苦的思维劳动"[2] 明显比他在辩证法上所花费的要多得多。因此，在这里我们要明确一点：黑格尔哲学中的革命因素，大部分是经过恩格斯的改进后得出的。

老年黑格尔派站在封建贵族的立场上，坚持黑格尔的唯心主义观点，坚持绝对精神就是上帝，黑格尔哲学体系的三段式结构正是符合了基督教三位一体的学说。普鲁士国家就是上帝权力意志的体现，就是绝对理性的体现。自从1840年威廉四世登基，青年黑格尔派就开始公开反对普鲁士的国家专政，反对将黑格尔的哲学理解成为封建统治辩护的宗教理论。他们还对黑格尔哲学的不彻底之处进行了批判。这时的青年黑格尔派已经成为了一个积极向上的资产阶级的哲学学派。但是，毕竟他们还是被局限于黑格尔哲学的体系之内，只是利用黑格尔哲学中的一个因素，反对黑格尔哲学中的其他因素。并且，不仅仅在老年黑格尔派与青年黑格尔派之间存在斗争，甚至在青年黑格尔派的内部，也存在着多种分歧。

"政治在当时是一个荆棘丛生的领域，所以主要的斗争就转为反

---

① 恩格斯：《路德维希·费尔巴哈和德国古典哲学的终结》。《马克思恩格斯选集》第四卷，第220页。

② 同上，第221页。

宗教的斗争。"① ——

这从青年黑格尔派的内部争端就可以看出来。施特劳斯出版了《耶稣传》，他在书中提出：福音书中的故事是民族团体内部无意识的精神的产物，因而神话在最初的形态中是整个民族或宗教团体的思维的产物，而黑格尔哲学中的"实体"就是指那种无意识的精神活动，因而，我们就可以理解为，宗教是由精神这个实体无意中产生的。同属于青年黑格尔派的鲍威尔则认为基督教的教义体系是人为创造出来的，是怀有一定的宗教目的的杰出的个人有意识的产物，而耶稣这个人在历史上根本就不存在。因而，在鲍威尔看来，宗教是个人的自我意识创造出来的。后来，宗教的起源问题经过一番争论，逐渐转化为什么是社会发展的动力的问题，是精神实体呢，还是人的自我意识？施特劳斯一派的人认为历史发展是由精神实体决定的，与个人意识无关，因此要对历史的发展持自由主义的态度；鲍威尔一派的人认为推动社会发展的就是个人意识，但是这并不是如恩格斯与马克思一般，将人们群众的主观能动性看作是促进历史发展的重要因素。鲍威尔否认群众的积极力量，认为他们是历史发展的障碍，是精神的敌人。历史的发展主要依赖于个别拥有全知全能的自我意识的人的主观活动。

在争论发展的最后阶段，出现了施蒂纳，这个人是无政府主义的创始人。他抛弃了"实体"与"自我意识"这两个概念，选择了"唯一者"的概念。宗教、国家、财产等都是唯一人的所有物。这个"唯一者"是谁呢？这就是"我"，"我"就是"唯一者"，"我"就是一切，这就是明显的唯我论的论断了。施蒂纳极力推崇个人自由，反对一切法律与规则的束缚，反对一切国家、社会对人类的限制。

---

① 恩格斯：《路德维希·费尔巴哈和德国古典哲学的终结》。《马克思恩格斯选集》第四卷，第221页。

他说："没有任何东西高出于我，我向任何国家、甚至是最民主的国家宣战"①，而应该代替国家的，是独立的、小私有主的自由联合体。

由上述的解释便可以看出，施特劳斯与鲍威尔全都没有超出黑格尔的理论体系。一个挥舞着精神实体的大旗，另一个则挥舞着自我意识的大旗，在黑格尔的哲学框架之内，展开了可笑的唯心主义争战，只是一个站在客观唯心主义的阵地上，另一个站在主观唯心主义的阵地上而已。但是不可否认，他们对于宗教的批判，在当时的社会状况下是极具积极意义的，至少二人都指出，宗教是人创的，所谓的上帝也是人创的，从而揭开了宗教的一层神秘的薄纱。至于施蒂纳，这个无政府主义者只是站在德国小资产阶级的立场上，为了维护自己的利益而描绘了一副非常蛊惑人心的幻想画而已。在他之后，青年黑格尔派就销声匿迹了。

一方面，青年黑格尔派内部存在着施特劳斯、鲍威尔等人的唯心主义争论，另一方面，也存在着对于唯心主义的迷茫：英法的唯物主义理论将自然界看作是现实的，而黑格尔的唯心主义则把绝对精神看作是本原性的，自然界只是派生性的。那么观念化的绝对精神如何能够外化为具有实在属性的自然界，如何能够外化出人类的呢？在这种矛盾之中，不少青年黑格尔派的成员们抛弃了黑格尔的唯心主义理论，转而接受英法国家的唯物主义哲学，这就是费尔巴哈出现的序幕。

---

① 转引自司马志纯：《恩格斯对从前信仰哲学的清算》，第 66 页。

第四章　对费尔巴哈哲学思想的清算

第一节　费尔巴哈的唯物主义观

在《费尔巴哈论》的第二章里，恩格斯着重介绍了费尔巴哈的唯物主义观点。我们不能否认费尔巴哈的伟大之处，因为它将唯物主义从古代朴素的唯物主义阶段发展到了机械唯物主义的阶段。他是唯物主义道路上的探路者，只是他走的没有恩格斯与马克思那么远罢了。费尔巴哈的唯物主义是不完全的唯物主义，他的哲学的下半截是唯物主义，而上半截是唯心主义，这个形象的比喻我们要如何去深入理解呢？从我们的教科书中，我们已经可以知道马克思主义是科学的唯物主义，而黑格尔哲学则是彻底的唯心主义，那么什么才是唯物主义与唯心主义区分的标准呢？

为了澄清施达克书中关于唯物主义与唯心主义概念的混乱，为了说明为什么费尔巴哈提出了唯物主义的观念，却仍然避免不了被历史遗弃的命运，恩格斯第一次明确地提出了哲学的基本问题——

思维与存在的关系问题。任何一个哲学体系都是围绕着这一问题建构起来的，因此，找到哲学家对这个问题的回答，就能对这个哲学家进行定位，就可以在特定的社会背景之下对其进行评判。在当下社会中，由于传统教科书对唯物主义与唯心主义的片面定位，很多青年人只是被动地接受关于两者之间的斗争、矛盾，只是被动地接受了唯物主义的进步本质、唯心主义的消极本质，然后以偏概全地盲目崇拜其中的一方。其实唯物主义与唯心主义是自人类产生以来就无法避免的问题，二者的矛盾与斗争的关键就在于思存关系。

恩格斯通过对思存关系的全面解释，明确了划分唯物主义与唯心主义的标准以及可知论与不可知论的标准，继而对唯心主义与不可知论进行了深入的探究与批评。对于费尔巴哈的哲学来说，他的自然观是唯物主义的，也就是说，费尔巴哈承认自然界的原生性和人类思维的衍生性。这就是费尔巴哈哲学中唯物主义的一面，也是恩格斯在书中的第二章重点分析的部分，在这里，恩格斯赞赏了费尔巴哈的进步性，但也批驳了他的唯物主义部分的局限性。

在这一部分，我们需要重点把握哲学问题上两大阵营的划分标准，正确理解唯物主义与唯心主义的关系，将二者都看作是哲学史的重要组成部分，而不是单单地肯定一方，否定、厌恶另一方。

费尔巴哈首先是作为一个青年黑格尔派的知识分子接触哲学的，但是两年后，他就背离了黑格尔哲学，因为他觉得需要转向直接同思辨哲学（思辨哲学哲学家们试图通过概念推演得出现实的结论，从而使客观的世界符合人类的思维逻辑）对立的科学上去。1830年，费尔巴哈因为发表《论死与不死》，揭露灵魂不死的宗教谬误，因此受到迫害，隐居乡间。他曾愤慨地指责不公，指责社会的黑暗，指责德国政治上的奴颜婢膝和愚昧不堪。1841年，隐居乡下的费尔巴哈发表《基督教的本质》，公然驳斥黑格尔哲学，打破了黑格尔唯心主义哲学的迷雾，使唯物主义登上了王座。

"这部书的解放作用，只有亲身体验过的人才能想象得到。那时大家都很兴奋：我们一时都成为费尔巴哈派了。"① ——

费尔巴哈说自然的产生不依赖于任何哲学，不依赖于人和任何精神。自然是在人类产生之前就已经存在的，它是人类赖以生存的基础。黑格尔哲学中具有第二性（非优先性、非决定性的）的东西，在费尔巴哈的哲学中却被赋予了第一性（优先性、决定性的）的意义，正如自然界这个概念。他指出，黑格尔哲学中的第一性的所谓的"绝对精神"不过是上帝的别名，是哲学范围内的宗教的残余，他的唯心主义不过是唬人的东西，就好像要用水酿出酒来，用语言呼风唤雨一样。关于宗教的方面，费尔巴哈说不是上帝创造了人类，而是人类的想象创造了上帝：人是怎样想的，有什么样的思想，他的上帝就是怎样的；人有多大的价值，他的上帝就有多大的价值。这样的想象只是无知的人类在面对强大、阴晴不定的自然时，对无所不能的救世主的强烈期盼而已。因此，在费尔巴哈的书中，宗教的魔法被解除了，人们热切地欢迎这样新的、人本主义的观点，恩格斯与马克思也受到了强烈的影响，在《神圣家族》中，他们用了浓重的笔墨高度肯定费尔巴哈的功绩。这一点也被某些别有用心的人利用，攻击恩格斯与马克思的哲学不过是黑格尔与费尔巴哈哲学的拼凑。

"甚至这部书的缺点也加强了它的一时的影响。"② ——

---

① 恩格斯：《路德维希·费尔巴哈和德国古典哲学的终结》。《马克思恩格斯选集》第四卷，第222页。

② 同上。

首先，费尔巴哈的精湛与华丽的语言论调，甚至有时是夸张的笔调都使他赢得了大量的读者。本来华而不实的辞藻很难引起读者的好感，但是在过去很长一段时间内，占据着哲学与文学领域的是黑格尔式的晦涩难懂。经过了抽象而费解的黑格尔哲学，费尔巴哈的这种笔调当然会使人耳目一新。其次，费尔巴哈强调人本主义，宣扬资产阶级的博爱与慈善，但是却对爱投入了过多的笔墨，要求直接在人与人的爱的情感中寻找自己的真理，导致了对爱的过度崇拜。人本主义的宣传在当时社会还是有积极意义的，特别是在经过黑格尔的"绝对精神"的抽象统治几十年之后，强调感性的人与人之间真实的情感，更能引起生活在压抑、专制统治之下的德国民众的共鸣。

但是，恩格斯公正的提醒：合情的理论不一定合理。1844 年德国的资产阶级中开始蔓延一种"真正的社会主义"思潮。这个思潮利用费尔巴哈的华丽而夸张的辞藻以及"爱"的理论，要求用"爱"来解放全人类。他们宣扬说，人们应该从人性出发，抛弃阶级属性，不需要也不应该求助于经济改革与政治革命，只是用彼此之间的爱与善意就可以解放自己与他人，因为在任何情况下，只有人道主义的世界观才能开辟通往人类未来生活的道路。这样的理念看起来是美好的，但却是极其不符合现实的。这些小资产阶级只看到了自己的局部利益，企图通过和解稳固自身的小资生活。他们维护小手工业，强烈反对资本主义大工业的发展，因为随着资本主义大工业的发展，无产阶级的队伍必然会壮大，而壮大的无产阶级队伍对于小资产阶级来说，并不是什么好的事情。这种理论自私而又怯懦，正如恩格斯所说的，它只是沉湎在令人厌恶的美文学和泛爱的空谈中的幻想。

"黑格尔学派虽然解体了，但是黑格尔哲学并没有被批判地克服。"① ——

总结了上述青年黑格尔派的不同的理论脉络之后，恩格斯对黑格尔哲学进行了总结性的阐述：施特劳斯与鲍威尔各自抓住了黑格尔理论的一个方面，在论战中相互攻讦。他们都宣称全部否定了黑格尔，但是遗憾的是，他们都没有逃出黑格尔的唯心主义藩篱。费尔巴哈打破了黑格尔的唯心主义体系，恢复了唯物主义的权威地位，但是他连同黑格尔的辩证法一同丢掉了，只是一遍又一遍地唱着对爱的诉求。有一个比喻形象地描写了费尔巴哈的所做作为：一个人倒洗澡水，却将水中的孩子与洗澡水一起囫囵倒掉了。

"简单地宣布一种哲学是错误的，还制服不了这种哲学。像对民族的精神发展有过如此巨大影响的黑格尔哲学这样的伟大创作，是不能用干脆置之不理的办法来消除的。必须从它的本来意义上'扬弃'它。"② ——

恩格斯认为，黑格尔的学生们并没有真正理解老师的学说，他们并不知道哪些是合理的，哪些是不合理的。黑格尔的哲学之所以没有受到过任何真正的批判，只是因为没有人能够真正进入到他的体系内部，没有人真正了解到可以用这些学说干些什么。所谓的"扬弃"它，就是要先读懂它，批判地抛弃它的唯心主义的体系框架，然后批判地继承辩证法的合理内核。这样的一个理论扬弃的过程，恩格斯是在第二章进行具体阐明的。恩格斯认为他与马克思是从唯心主义哲学中拯救了自觉的辩证法，并将它转化为唯物主义自

---

① 恩格斯：《路德维希·费尔巴哈和德国古典哲学的终结》。《马克思恩格斯选集》第四卷，第223页。
② 同上。

然观和历史观的唯一的人。而费尔巴哈呢，他坚守他的爱的道德原则，在 1848 年德国资产阶级革命爆发期间，也不愿意离开他的乡间小屋，参加任何的政治活动，于是，在他将黑格尔成功地撇在一旁之后，他也被轰轰烈烈的革命挤到了后台去了。

"对这些以及其他一切哲学上的怪论的最令人信服的驳斥是实践，即实验和工业。"① ——

为何实践才是最强有力的武器呢？

首先，实践才是沟通思维与存在的桥梁。实践并不是纯粹主观的活动，也不是纯粹客观的活动，而是主观见之于客观的东西，就是说这是人类的意识对客观物质社会的反作用。旧的唯物主义与唯心主义不能完全驳斥不可知论，就是因为它们各自在思维与存在的关系的问题上偏执一端，一个只知道强调自然的作用，另一个只知道强调精神的作用，却并没有将二者放置在同一平面内，用联系的观点加以考察。

其次，实践可以推动人类的认识的发展，促进人类技术手段的进步。人类的感官确实是有限的，不可能了解到物质自然的方方面面，这正是不可知论的发端。但是，通过实践，通过已有的认识水平，人类可以创造出更多便利的工具以辅助提升认识。曾经的哥白尼为了日心说遭受教会的猛烈攻击，即使是已有 99% 的可靠性，但是假说依旧只是假说。直到 300 年之后，他的假说才被德国人加勒通过望远镜的观测证实，证实地球只是围绕着太阳运转的行星。到了 21 世纪的今天，日心说早已不是妄谈，在第一颗人造卫星如期进入地球轨道飞行之后，人类相继发射了众多的宇宙探测器，不仅造

① 恩格斯：《路德维希·费尔巴哈和德国古典哲学的终结》。《马克思恩格斯选集》第四卷，第 225 页。

访了太阳系的各大行星，更是向着宇宙更深处更遥远的星球迈进。因此，即使人类自身拥有很多无法克服的局限性，但是人类的认识能力是无限的，因为实践的创造力是无限的。

最后，人类的思维能力也跟随实践的发展而发展。从远古时代开始，人类就通过改造身边的自然环境换取舒服的、有意义的生活，但是人类的思维与外界的客观存在，并不是认识与被认识、改造与被改造如此简单的关系。人类既改造着客观的物质世界，也改造着自己的思维，"人的思维的最本质和最切近的基础，正是人所引起的自然界的变化，而不单独是自然界本身；人的智力是按照人如何学会改变自然界而发展的"①。人类的实践发展与思维能力的发展二者是相辅相成的关系。

辩证唯物主义所坚持的可知论并不认为当前世界上的一切都已经被认识了、穷尽了，而是说，尽管知道人类所了解的还很少，但是人类终将全部了然于心。有很多事例都可以证明这一点。例如在手工时代，人们只知道茜草的根部可以用作大红色的染料，却不知道是哪一种成分使然。随着工业社会的发展，有机化学繁荣发展，人类通过提取，知道了茜素的存在。同时，通过提炼，有机化学发现便宜得多的煤焦油中也蕴含茜素这种成分。自此，茜素的提取就方便快捷的多了。这就说明，"自在之物"并非不可认识，通过实践手段的提升，"自在之物"也可以变成"为我之物"。

在科学的辩证唯物主义理论支撑之下，"不可知"的锋芒终于被消灭了。但是在19世纪中叶之后，正是恩格斯写作《费尔巴哈论》的前期，新康德主义在德国兴起，休谟的不可知论也在英国复活。二者都高调宣扬唯心主义与不可知论，极力影响工人运动的正常发

---

① 《马克思恩格斯选集》第三卷，第551页。

展。恩格斯写作《费尔巴哈论》也有驳斥二者的意图，因为在他看来，二者向不可知论的复归实在是可笑之极的。不论是新康德主义还是休谟在英国的"继承人"，大多都是自然科学家，他们在自己所在的研究领域，毋庸置疑，都是唯物主义者，但是在认识论方面，他们的口号却矛盾丛生，正如恩格斯的不加掩饰的讽刺："鉴于这两种观点在理论上和实践上早已被驳倒，这种企图在科学上是开倒车，而在实践上只是一种暗中接受唯物主义而当众又加以拒绝的羞羞答答的做法"①。

"但是，在从笛卡尔到黑格尔和从霍布斯到费尔巴哈这一长时期内，推动哲学家前进的，决不像他们所想象的那样，只是纯粹思想的力量。恰恰相反，真正推动他们前进的，主要是自然科学和工业的强大而日益迅猛的进步。"② ——

即使是新康德主义者和休谟主义者不愿意承认，实践的推动力量是显而易见、不容否认的。从笛卡尔到黑格尔的唯心主义者和从霍布斯到费尔巴哈的唯物主义者，恩格斯这是总结了近代的唯心主义与唯物主义这两个阵营的历史发展时期，提出使人类从中世纪的睡梦中惊醒的，正是现代自然科学。正是天文学、力学、生物学的理论发展，才逐步打破了中世纪的精神压迫，才证明了社会的发展规律，打破了神创的神话。莱布尼茨的微积分、牛顿的力学定律都是对唯心主义的荒诞理论的矫正，也是对唯物主义科学理论的确证。因而，不仅唯物主义者重视自然科学的力量，就连唯心主义者也逐渐加入了某些唯物主义的成分，用**泛神论**来调和精神与物质的对立

---

① 恩格斯：《路德维希·费尔巴哈和德国古典哲学的终结》。《马克思恩格斯选集》第四卷，第226页。

② 同上。

状态。泛神论乃是一种将神容身于自然界之中的观点，这是在中世纪为了躲避宗教迫害，唯物主义者的一种宣传策略，如布鲁诺宣称自然界就是万物的神。唯心主义者利用泛神论，就是利用"神即自然，自然即神"的观点调和物质与精神、宗教与科学之间的对立。

"因此，归根到底，黑格尔的体系只是一种就方法和内容来说唯心主义地倒置过来的唯物主义。"① ——

黑格尔的哲学实际上就是一种唯心主义的泛神论，一切事物都是绝对观念的体现。而一切事物——自然的、历史的、精神的——都是不断发展、不断变化的过程，他的辩证法恰恰就是认识客观物质的正确方法，列宁就说黑格尔在他的庞大的概念体系中，天才地猜到了事物与自然的真正的关系，不自觉地反映了客观事物的辩证法规律。因而，恩格斯说他的体系是"倒过来"的唯物主义也就不足为怪了。

"由此可以明白，为什么施达克在他对费尔巴哈的评述中，首先研究费尔巴哈对思维和存在的关系这个基本问题的立场。"② ——

就像恩格斯所说的，思维与存在的关系问题是任何一个哲学家都无法避而不谈的，即使是在恩格斯之前，并没有谁明确地提出过思维与存在的关系问题，即使是施达克并没有完全将这个问题搞清楚、弄明白。施达克在他的导言中首先混乱地使用哲学术语，片面地介绍康德以来的诸多哲学家，但是因为他并不完全了解所使用的哲学用语的含义，使得他的介绍看上去只是一些混乱而晦涩难懂的词语的堆砌。接下来，施达克又过于拘泥于黑格尔哲学中的部分词

---

① 恩格斯：《路德维希·费尔巴哈和德国古典哲学的终结》。《马克思恩格斯选集》第四卷，第226页。

② 同上。

句，利用这些词句对黑格尔大加贬低。然后在正文部分，他用心叙述了费尔巴哈的"形而上学"的发展历程，他论述得很详尽细致，但遗憾的是，他将费尔巴哈诉说成了一个唯心主义者。针对施达克书中哲学基本观念的混乱，恩格斯在澄清了思维与存在的关系这个基本问题之后，他开始正面评价费尔巴哈的唯物主义。

"费尔巴哈的发展进程是一个黑格尔主义者（诚然，他从来不是完全正统的黑格尔主义者）走向唯物主义的发展进程，这一发展使他在一定阶段上同自己的这位先驱者的唯心主义体系完全决裂了。"① ——

费尔巴哈曾对他的思想历程进行了总结，认为他的思想走过了神学阶段，在黑格尔的哲学领地上稍作了停留，最后走上了唯物主义的征途。费尔巴哈曾经与恩格斯和马克思一样，对黑格尔的哲学抱有殷切的希望，但是黑格尔的绝对精神外化的说法，如何也不能令这位思想者满意，凭什么理由可以使逻辑转化为自然呢？相互转化的原理何在呢？由是，他坚决地同这位自信满满的唯心主义者决裂了，同时，他在批判黑格尔的过程中建立了惊叹四座的唯物主义哲学体系。

首先，黑格尔的绝对观念是对超越于世界之外的造物主的虚幻的信仰残余，是理性主义的新神学体系，所以费尔巴哈将其哲学体系概括为"神学的最后的避难所和最后的理性支柱"。其次，黑格尔的精神决定物质理论，显示出了思维与存在的同一地位，思维就是存在，思维就是主体。但是实际上，费尔巴哈澄清说，只有我们所属的物质世界才是唯一现实的，才是真正的主体，不论我们的意识

---

① 恩格斯：《路德维希·费尔巴哈和德国古典哲学的终结》。《马克思恩格斯选集》第四卷，第226页。第227页。

与思维在感觉上是多么超感觉的、具有决定意味的，它仍然只是存在的主观映像，仍然只是人脑这样的物质的产物。自然界是独立于人的精神的客观实在，用一种主观的、精神上的感觉来说明自然界是很不现实的。最后，费尔巴哈批判黑格尔为了绝对观念体系的完整性，将人的精神与个体割裂开来，并造就了精神的至高无上性。实际上，绝对精神就是人类的思维与意识的抽象化，是用哲学理论将人类的思维与意识单独抽取出来，用看起来理性而适当的言辞将它们包装起来，这就是黑格尔唯心主义哲学上所谓的神秘的东西。

因此，费尔巴哈把握住了唯物主义的基本方向，坚持了物质世界是唯一的实在，人类的意识只是这种客观实在的反映这样的基本命题。但是，到了这一步之后，费尔巴哈就突然停住了，因为他不能克服对于唯物主义这个名称的偏见与不满。这里的唯物主义可不是我们现在意义上的唯物主义。

"在我看来，唯物主义是人的本质和人类知识的大厦的基础；但是，我认为它不是生理学家、狭义的自然科学家如摩莱肖特所认为的而且从他们的观点和专业出发所必然认为的那种东西，即大厦本身。"① ——

为何说唯物主义是人类知识的基础呢？在费尔巴哈的理解中，唯物主义是人类理解自然、理解人类本身的出发点。自然是人类的发源地，是理解人类本质的出发点。人类与动物虽然都是自然的产物，但其本质并不相同，费尔巴哈相信不能仅仅理解单一的个人，更是需要从人类共同的属性——爱——来理解人类，从而把握人类的本质。这样的知识累积过程，必须要建立在唯物主义的科学的方

---

① 恩格斯：《路德维希·费尔巴哈和德国古典哲学的终结》。《马克思恩格斯选集》第四卷，第227页。

法之上。

那么费尔巴哈所不认同的唯物主义作为大厦本身的理念又作何理解呢？这里我们需要一点背景支持。哲学家拉美特利是 18 世纪法国唯物主义者的代表，他因为《人是机器》这部著作受到教会的迫害，他因此流亡普鲁士，担任普鲁士国王的私人医生。他追求享乐主义，在 1751 年的王宫宴会上因食物中毒而死，因此招致了许多污蔑唯物主义就是追求物质享受的言论，这令许多唯物主义者都耻于承认唯物主义的称号。费尔巴哈也多次强调它的哲学是产生于德国土壤的真正的哲学，并不是德国的科学与某些外国的精神非法结合的"私生子"。

费尔巴哈不仅耻于与 18 世纪法国唯物主义者"同流合污"，更是耻于与 19 世纪 50 年代在德国盛行的**庸俗的唯物主义**者为伍，他认为那些生理学家与自然学家将唯物主义哲学当作科学看待。庸俗的唯物主义者们承认宇宙的一切都是物质的，精神也是物质的产物，这在黑格尔的绝对精神大行其道的当时绝对产生了积极的意义。但是，他们滑向了绝对地唯物主义的一端，认为科学意义上，精神也只是大脑分泌的物质。费尔巴哈提到的摩莱肖特曾在海德堡大学与苏黎世大学教授生理学，他认为人脑产生思想，就好像是肝脏分泌胆汁一样，而如果没有了磷这个物质，思想根本就是不存在的。德国医生毕希纳竟然放出了与欧洲人相比，黑人就像儿童一样幼稚，而欧洲的各个高等阶层也比一般的劳动者聪明的荒谬言论。这样的言论抹杀了思维的主观性，消除了思维与物质的根本区别，将唯物主义与医学、自然科学等具体学科混为一谈，并且这些庸俗的唯物主义者们明显具有等级倾向，热衷于以相同的等级区分不同的人群，这种做法是极其粗鄙且不科学的。

在费尔巴哈看来，它们的做法是不能够忍受的。科学的唯物主义只能够用来解释人类的本质以及人类知识的自然基础，却不能够用来阐释人类的思想、情感本身，因此，费尔巴哈本人拒绝将自己的理论与这些所谓的唯物主义"同流合污"，这在恩格斯看来，是很正常的，因为就连恩格斯与马克思也曾与庸俗唯物主义者福格特等人发起过激烈的论战，恩格斯也曾因为他们的荒诞言辞致信马克思："福格特的小册子我刚刚粗略地看了一下，我看到他认为马是由跳蚤变来的。如果是这样，那末，写这本小册子的蠢驴又是由什么变来的呢"①。

费尔巴哈的唯物主义并不全面，他自认"向后退时，我同唯物主义者完全一致；但向前进时就不一致了"②。向后退，是指在自然科学的领域之内，他坚持唯物主义的理论支撑，但是向前进，也就是进入社会历史领域的时候，他就对用唯物主义的态度持反对观点。这就是因为，他将唯物主义与庸俗的唯物主义混为一谈，认为如果用庸俗的唯物主义解释社会上人类的情感、意识，这是误解人类，是庸俗的。这样看来，费尔巴哈并没有真正理解科学的唯物主义，在社会历史领域，仍然留在了唯心主义的阵营之上。

"费尔巴哈在这里把唯物主义这种建立在对物质和精神关系的特定理解上的一般世界观同这一世界观在特定的历史阶段即 18 世纪所表现的特殊的形式混为一谈了。不仅如此，他还把唯物主义同它的一种肤浅的、庸俗化了的形式混为一谈。"③ ——

---

① 《恩格斯致马克思（1869 年 1 月 29 日）》。《马克思恩格斯全集》第 32 卷，第236 页。

② 恩格斯：《路德维希·费尔巴哈和德国古典哲学的终结》。《马克思恩格斯选集》第四卷，第 227 页。

③ 同上，第 228 页。

　　唯物主义就是指对于存在的第一性的把握，是对思维与存在的关系的一种回答，它与庸俗的唯物主义是一般与个别的关系。正如同唯心主义一样，唯物主义在不同的历史背景之下，也有不同的发展形势。唯物主义经历了古代朴素唯物主义、近代形而上学唯物主义以及辩证唯物主义 3 个大的阶段，庸俗的唯物主义正是形而上学唯物主义的延续，形而上学的唯物主义的某些思想残余在经过了福格特、摩莱肖特等人的加工之后，被继续拿来喧嚷叫卖。

　　事实上，与任何一种科学的发展历程相类似，唯物主义作为一种世界观也经过了摸索、修正、发展的阶段，它并不是从产生之初就是绝对科学的。随着自然科学的发展，唯物主义坚定物质第一性的宗旨不改变，不断探索创新形式与原则，不断克服每一个发展阶段的荒诞理论。在恩格斯与马克思提出辩证唯物主义之后的 20 世纪，量子力学、分子生物学等现代科学的发展，这些都对辩证唯物主义提供了更高的发展要求。可以看出，每一个阶段的唯物主义都对它所处的时代产生巨大的积极影响，而每一个阶段，都在唯物主义的发展过程中占有重要的承上启下的地位，尤其是历史唯物主义的发展，为唯物主义作为引领人类发展的一般意义的世界观开辟了道路。费尔巴哈不屑于与 18 世纪的法国唯物主义以及 19 世纪的庸俗唯物主义为伍，恰恰是没有看到这发展的关键。事实上，费尔巴哈与 18、19 世纪的唯物主义者处于同样的历史时期，他们站在同样的资产阶级的立场上，他们的唯物主义哲学，不论承认与否，都带有那个时代特有的资产阶级的局限性。

　　首先，18 世纪，科学虽然有了较大的进步，但那只是针对力学而言，或者说是重力力学。在化学方面，化学还只是处于"燃素说"（德国化学家塔斯尔提出，认为物质之所以能够燃烧，是因为"燃素"。当物质燃烧时，燃素就通过光、热、火焰的形式逃逸出来。直到法国化学家拉瓦锡发现空气中的氧气可以使物质燃烧，并通过与金属等物质结合生成新的物质，从而使燃烧后的金属质量增加，揭露了燃烧的原理，推翻了"燃素说"）的阶段；生物学才初初起步，只能对动物与植物做一点粗浅的研究，对人类的思维与行为远不能够用生物学的方式去解释，而只能按照力学或机械学的方式来说明。本书前文提到过的拉美特利写作的《人的机器》一书就是这样的产物。因为生物学知识的缺乏、不完善，拉美特利依照力学原理，将人比作机器，认为人与动物唯一的不同，就只是人比动物多出了几个齿轮而已，二者只有力量上的区别，而没有性质上的差别。因此，机械唯物主义理论是与当时的科学发展水平相适应的，它的抽象性与机械性是不可避免的局限性。

其次，机械唯物主义也不能将世界理解为一个过程。这是说机械唯物主义并不认为自然界是运动、发展着的，或者说，即使它相信自然是运动、发展的，这也只能是量化的发展与变化，因此，机械唯物主义者眼中的自然界永远在做着圆周运动，永远在重复着同一个过程。这也是同当时的自然科学背景相适应的，当时的社会中，黑格尔的辩证法还没有出世，人们研究科学的方法是形而上学的，也就是非辩证的。在天文学中，牛顿的永恒天体论配合着上帝的第一推动力信仰仍然占据主导地位。即使康德提出太阳系发生的假说，表明太阳系不是一成不变的，也不是一下子就生成了的，而是经过星云的物质演化逐渐生成的。但这也仅仅是一个假说，在当时的社会还被当作为奇思怪想的东西。至于地质学，也就是地球的发展史，在当时还完全没有建立，关于人类的生成过程还只有所谓的"预成论"（预成论就是认为生物在胚胎中就已经具有一切的生物特征，之后的生长就只有形态的扩大，而没有质的、根本的改变。也就是说，一个物种现在是如何的，千百万年前，它产生之初就是如何的）可以充当谈资。其他的任何关于生物由简单到复杂的发展、变化的思想还根本没有一点踪迹。对于这一点，恩格斯调侃地说，这并不能责备 18 世纪的思想家，因为即使是生物学以及胚胎学都有了长足发展；即使到了 1784 年，德国伟大的诗人歌德发现了人类的颚间骨，从而证明了人类在生理学上与哺乳动物的亲缘关系；即使 1809 年法国生物学家拉马克提出了生物进化论，挑战了传统的物种不变学说，天才的黑格尔依然怀抱着"自然界本身不存在发展"的理念不肯放手。

为什么呢？黑格尔是为了他的绝对观念体系的完整性，他强调说，只有绝对观念才是世界上最初存在并且永恒存在的东西，它是一切的造物主，自然界不过是绝对观念在自身发展膨胀之余的外化，它是没有发展可言的，能够发展、变化的绝对只能有绝对观念本身。自然界不存在发展，因为它根本就存在于时间之外，他没有过去，也没有未来，没有新旧的更迭，它只能够在空间上展现自己的多样性，把自己本身就包含的发展阶段一个接着一个地展现出来，并且永远重复这个过程。为了维持他的唯心主义的宏大体系，黑格尔背叛了自己的运动、发展的辩证法原则。

再次，机械唯物主义的局限性也包含在历史领域当中。他们否定历史的发展性的观点不仅运用在自然观上，也被运用到了历史领域上，他们否认社会各个阶段的联系，否认社会的发展。在这里，是与中世纪的禁锢有关的。中世纪被看作是野蛮、愚昧的代名词，从文艺复兴以来，西方人就不断地进行反封建、反宗教的斗争。他们完全否定中世纪的进步成分，他们认为中世纪是由几千年的野蛮状态所造成的历史的中断。因此，仇恨与斗争遮蔽了人类理智的头脑，历史在他们的头脑中也失去了任何的发展性与连续性。

在这里，恩格斯提出，中世纪其实仍然是人类的巨大进步：首先，中世纪阶段，欧洲的文化领域不断扩大。在罗马帝国的奴隶社会末期，除了罗马帝国统治的地中海沿岸，其他地区仍然处于原始社会，社会群体仍然是旧的蛮族部落。而随着地区斗争加剧，先进的罗马文化以及后来的拜占庭文化在各个地区得到普及，直到中世纪的后期，欧洲文化已经扩大到了整个欧洲版图。其次，在中世纪孕育出了许多富有强大生命力的民族。英吉利、法兰西、德意志等民族逐渐在 14 – 16 世纪中凝聚发展，最终形成了独具民族特色的民族文化，促进了整个欧洲文明的发展、繁荣。最后，中世纪也培育出了许多优秀的科学学者，促进了科学技术的巨大进步。技术的进步促进了手工业的发展，而手工业的急剧扩张，反过来又促进了科技的进步，在 15 世纪，欧洲的冶金、采矿、航海事业都有了飞速的发展。正是如此的成就，孕育了资本主义的萌芽，才有了后来的资本主义的极大繁荣。但是那些唯物主义者看不到这些，他们不知道发展不是一蹴而就的，他们甚至在社会生产上都否认发展的存在。在他们的眼中，历史不是发展的，不是动态的，每一个历史形态之间是独立的、无联系的，这样的历史，不过是他们在进行伟大创作的时候可以随意截取、拼凑的例证和插图罢了。

18 世纪的机械唯物主义者看不透，到了 19 世纪，在各门具体科学已经有了相对发展的 19 世纪，庸俗的唯物主义者们依然看不透，恩格斯评价他们丝毫没有超越他们的老师的范围，他们的哲学依然是机械的、抽象的、没有联系的。他们没有想过要推进唯物主义的发展，即使看到科学的进步，也只是成为了他们否认造物主存在的又一个有力证据罢了。在这里，可以明显感觉到恩格斯的痛心与愤怒，在《费尔巴哈论》的写作前期，新康德主义与新黑格尔主义卷土重来，对恩格斯与马克思的科学唯物主义极尽抨击，而庸俗唯物主义者诸如福格特之辈也开展对恩格斯与马克思的口诛笔伐。恩格斯评论说他们的思想与行为并没有使唯物主义发展，反而混淆了物质与意识的差别，取消了唯物主义与唯心主义的对立，造成了唯物主义的倒退。这样的倒退取悦了反动的唯心主义者们。因此费尔巴哈拒绝与此类庸俗的唯物主义者为伍是正当且正确的，但是由于某个唯物主义派别的错误而怪罪于一般的唯物主义，这却是费尔巴哈的轻率之处。

但是，恩格斯又提到，我们在批评费尔巴哈的时候也应该注意两点情况，费尔巴哈自身哲学的局限性也是有现实性的根源的。首先，说费尔巴哈在自然科学方面没有克服 18 世纪机械唯物主义的机械性与形而上学性，将事物的运动都归结为低级的生物运动或化学运动，反对辩证法的矛盾说。这是因为费尔巴哈在世期间，从 1804 年到 1872 年，自然科学仍然处在酝酿的过程中，直到 70 年代之前，自然科学领域还只是不断涌现出新的认识材料和新的发现而已，70 年代之后，较为系统的思想体系才被从这些杂乱的科研材料中抽取出来，整合成型。虽然在 30 年代末期，施莱登与施旺就发现了细胞，40 年代，迈尔、焦耳以及亥姆霍兹等人相继提出能量守恒定律，50 年代末期，达尔文提出了著名的生物进化学说，这些重要发现都是在费尔巴哈生前就问世了的，但是这些可以称得上是惊世骇俗的言论一经问世，就引起了激烈的争吵，人们众说纷纭，没有谁一下子就将这些理论全盘接受下来，更何况我们这位早就已经远离城市中心生活，隐居乡间的哲学家呢。

恩格斯说，这样的状况，我们没有立场指责费尔巴哈，真正的罪魁祸首，其实是德国可怜的社会状况。德国封建势力对进步思想家实施了严厉的压迫，德国社会中真正具有进步思想、创新思维的思想家被迫离开了研究教学的岗位，而占据了哲学讲坛的，只是那些安于现状且故弄玄虚的折衷主义的小识小见之徒。因此，远离政治核心圈子的费尔巴哈尽管没有割掉其唯物主义的片面性，我们也不应该对其多加责怪。

其次，费尔巴哈自己承认，他的唯物主义只是人类知识大厦的基础，不是全部，因为这个基础，只是自然科学。人类的全部知识，不仅包括自然科学，也包括了人类的社会科学，人类不仅生活在自然界中，更是社会动物。在社会科学方面，要将其与唯物主义联系起来，费尔巴哈是无能为力的，就像他自己承认的那样，在向社会科学前进时，他并不是与唯物主义一致的。恩格斯认为在同样要归咎于德国可怜的社会状况。在费尔巴哈之前，不论是唯物主义者还是唯心主义者，他们在社会历史发展方面都坚持了唯心主义的观点。费尔巴哈直到晚年也一直坚持他在 40 年代一战成名时的半截子唯物主义原则，因为受迫害期间，他藏身乡间，他没有其他的理论可以凭借，没有其他有先进思维、没有与他才智相当的人可以交往，没有强大的、敌对的反对者的论调可以供他切磋琢磨。他远离社会交际，置身于热火朝天的革命之外，因此只能抱着心中的那些仍属于唯心主义的幻想孤独老去。在最后，他竟然得出了不论是唯物主义还是唯心主义都不是真正的真理的结论，实在不能不令人叹惋。由此可见，任何一个伟大的思想都不能脱离现实，脱离实践，哲学是时代精神的精华，这样的精华，也要经受历史与实践的考验。

第二节 费尔巴哈的唯心史观

这一节我们介绍《费尔巴哈论》的第三部分，在这里，恩格斯开始清算费尔巴哈哲学中真正的唯心主义部分。恩格斯说，费尔巴哈乃是一位杰出的唯物主义者，但是遗憾的是，这位唯物主义者站在历史的大门外停止不前，背叛了自己的唯物主义理念。如何理解呢？在对自然界的观点上，费尔巴哈是绝对的唯物主义者，但是他拒绝将唯物主义的观点带入到社会历史发展中，在社会历史观上，他陷入了唯心主义。不过费尔巴哈唯心主义的社会历史观念又与黑格尔的客观唯心主义不同，也与主观唯心主义将世界看作是人类主观精神的外化不同。实际上，费尔巴哈是站在所谓的人本主义的立场上，坚持思维与存在的同一以及人类的主体地位，展开对社会状况以及历史变迁的论述的。

费尔巴哈在社会历史领域的唯心主义倾向主要表现在两个方面：一个是他的宗教观，一个是他的伦理观。在宗教上，费尔巴哈批判有神论的基督教，声称这种神就是人的化身，人类应该建立无神的宗教，就是以人与人之间的爱为支撑的宗教，通过这种爱来化解一切矛盾。在伦理观，也就是道德哲学方面，费尔巴哈宣扬追求现实世界的幸福，人要有利己主义的意识，但利己的同时也不能妨害他人。因此所有人都要互相忍让、相亲相爱。就上述内容看来，费尔巴哈的理论不无合理之处，而且不可否认，费尔巴哈的这种人本主义对西方社会的人道主义思潮产生了很重要的影响。

但是费尔巴哈的宗教观与伦理观都是建立在抽象的人的基础上的，也就是说这个人并不具有社会实践性。这个抽象的人就是我们称费尔巴哈在社会历史方面具有唯心主义倾向的主要原因，在下文的解读中，我们将作详细说明。

在研读这一章的过程中，我们需要正确认识宗教产生的原因及其历史作用；要客观理解费尔巴哈的宗教观与伦理观，牢记恩格斯进行批判的历史背景；同时也要掌握马克思主义伦理学的相关理论。

"我们一接触到费尔巴哈的宗教哲学和伦理学，他的真正的唯心主义就显露出来了。费尔巴哈决不希望废除宗教，他希望使宗教完善化。哲学本身应当融化在宗教中。"① ——

上述这段话绝不是表明费尔巴哈没有批判基督教，相反，对基督教的批判在他的哲学中占有相当大的比重。他说过他的所有著作都有一个目的和一个主题，这个主题就是对宗教和神学的批判。不过，批判现有的宗教，并不表示反对宗教。事实上，费尔巴哈绝不希望废除宗教，因为整个西方的文明都是建立在宗教教义的基础之上的，如果反对宗教，那么就是站在整个西方社会文明的对立面。可是世俗世界与宗教世界总是两个对立的存在，这两个世界到底哪个才是真正的本原呢？在费尔巴哈看来，宗教世界是源于世俗世界的。

在批判之初，费尔巴哈首先分析了宗教的起源，认为宗教不外乎是因为人类自身缺乏安全感引起的。人类不能摆脱自然灾害的时而侵犯，甚至连真正地认识都做不到。无法认识，无法抵抗，人类只能寄希望于一种神秘的力量，这就是宗教了。因此，费尔巴哈声

---

① 恩格斯：《路德维希·费尔巴哈和德国古典哲学的终结》。《马克思恩格斯选集》第四卷，第233页。

称，宗教是源于人类的利己主义的。原初的宗教总是与人类崇拜的自然对象有关，所以原始人总是崇拜多个神灵，有风神，也有雨神。只有当人类的技术发展到不需要依赖自然的时候，不同的神明才被融合到了一起，成了一个全知全能的、主宰一切的神。因此这个全知全能的神没有个别的特性，它所拥有的，是人类普遍拥有的共性，是人类将他们普遍共有的属性赋予这个独立于人类的实体，并且将它捧到高高的云端，使它与整个人类对立起来。因此，在费尔巴哈看来，那种有神的宗教的起源是与唯心主义有着很大的关系的，批判宗教的时候也有必要批判唯心主义。

因此，费尔巴哈说，没有上帝创造人类这样荒谬的说法，而是人类创造了上帝，他们按照自己的特点赋予上帝形象。上帝没有决定人类命运的权利，因为就连它的存在也是人类赋予的，它只是人类幻想中的产物罢了。因此，这个有神的宗教没有存在的必要了，人类真正需要的，是一种没有神的、爱的宗教。就像他在《基督教的本质》的结尾谈到的，"宗教之内容和对象，道道地地是属人的内容和对象；我们已经证明，神学之秘密是人本学，属神的本质之秘密，就是属人的本质"①。真正的宗教应该以人与人之间的感情为基础，而这样的宗教，就是未来的哲学所需要研究的全部内容。

恩格斯引述了施达克书中的话，大致介绍了费尔巴哈的爱的宗教："人类的各个时期仅仅由于宗教的变迁而彼此区别开来。某一历史运动，只有在它深入人心的时候，才是根深蒂固的。心不是宗教的形式，因而不应当说宗教也存在于心中；心是宗教的本质"②。

---

① 费尔巴哈：《基督教的本质》，第 349 页。
② 恩格斯：《路德维希·费尔巴哈和德国古典哲学的终结》。《马克思恩格斯选集》第四卷，第 233 页。

首先，在费尔巴哈的理解中，宗教就是人与人之间的情感关系。传统的宗教是将人类之间的情感隐晦地通过上帝之爱表达出来：上帝爱它的尘世之子，尘世中的子民们也热爱上帝。但是这种爱，实际上就是父母与子女、夫妻之间、邻里之间的爱，人类用不着将真挚的爱曲折地诉诸于上帝，宗教就是人类心中天生的情感，人类可以直接在你与我的爱中寻找自己的真理，揭开生命的真谛。宗教是天生的，它是永恒的，人就是这个宗教中的上帝，它将与人类共存亡。其次，心是宗教的本质。宗教作为一种天生的情感，不能放置到心的外面，它也不能被存放在心中，事实上，心就是宗教的本质，是宗教产生的源泉，宗教不是被其他的什么人注入到心中的，是一开始就存于本心的。在这里，我们就可以慢慢明白了，费尔巴哈所谓的宗教，其实就可以当作人类的情感，只有情感才是与人俱生、由心而发的，宗教不过是被冠在情感的外面，成了它的外衣而已。最后，人类社会的发展就是宗教变迁组成的历史图卷。某个历史运动是否会发生，主要取决于这一阶段的宗教观念是否能够被人民接受。因此人类历史运动的根源在于宗教的传播与发展状况，历史发展变迁的根源在于宗教的变迁。

对于费尔巴哈的爱的教义，恩格斯从历史方面与唯心主义等方面予以了批判。

第一点，他认为费尔巴哈的爱的宗教是历史的倒退。在费尔巴哈的老师黑格尔那里，宗教意识被当作一种社会风尚来研究。站在与上帝同一高度的，不是其他的独立个体，而是绝对精神，也就是人类的精神，与绝对精神相对比，宗教只是人类精神的表现而已。因此，尽管黑格尔的唯心主义思想浓重，他在德国社会却是被看作为一个斯宾诺莎式的无神论者。当然，这也再次表明，唯物主义与唯心主义的分歧除了表现在思维与存在的关系方面，在其他别的领域没有任何意义可言。在恩格斯看来，费尔巴哈宣扬爱的宗教，简直就是对黑格尔宗教观念的倒退，他的哲学已经融化在了宗教教义之中。

第二点，人与人的关系，特别是两性之间的关系，乃是自人类产生之初就存在的，并非是产于宗教，宗教只是在私有制和阶级出现以后才逐渐发展起来的。为了证明二者的关系，恩格斯说，男女之间的爱情在近 800 年来得到越来越多的关注。自 11 世纪以来，欧洲的封建社会中就出现了反对禁欲主义、歌颂爱情的文学作品，随着征战的频繁与骑士阶级的发展，反映骑士的冒险经历以及典雅爱情的传奇和抒情诗大放异彩。但是中世纪的宗教却一直要求禁欲主义，这与人类的感情明显是相悖的。如果说它对爱情有一点效用的话，那就只是为男女双方的婚姻提供神圣化的保证罢了。在 15 世纪文艺复兴开始之后，反对神权，反映人类真实感情、社会生活的作品层出不穷，在英国的莎士比亚和拜伦，在德国的歌德，作为文学大家，他们的作品中很大一部分就是讴歌爱情、渲染浪漫情怀的。人们对爱情如此地看重，以至于爱情成为了那一时期诗歌文学的轴心。可是经过文艺复兴与启蒙运动的打击，宗教的地位每况愈下，根本不可能与爱情拥有等同的地位，它随时都有可能崩塌、消失，但是爱情与友谊却是历久弥新，不会发生丝毫改变的。因此，如何能够将宗教理解为人类的情感关系呢！

随后，恩格斯又举出了一个宗教真正崩塌的例子：1790 年正是法国大革命期间，为了解决财政危机，革命政府要求教会的财产充公，彻底废除了宗教税。从 1792 年到 1798 年，法国的基督教，即天主教，遭到严重破坏。巴黎圣母院被改造为理性院，随后一切教堂与修道院都被关闭；教会人员被迫放弃神职，甚至被迫结婚。这段时期内，宗教势力烟消云散，民众对宗教的狂热与迷信被剔除。到了1801年，拿破仑为巩固统治，与教皇签订协议，允诺恢复天主教在法国的部分地位，但是推行这一政策，却遭到了民众的抵抗。可见，在基督教被消灭之后，并没有谁认为必须要用其他的宗教形式，比如说爱的形式，去替代它，费尔巴哈认为宗教是永恒的说法很难经受得住历史的考验。

第三点，首先，费尔巴哈在宗教问题上并没有按照客观事物本来的面貌去解释，而是按照自己的心意对宗教加以爱的改造，这是赤裸裸的唯心主义倾向。在宗教问题上，费尔巴哈一反他在自然科学方面的唯物主义做法，不是将男女之间、人与人之间的感情放在社会中加以考察，而是武断地将其与宗教教义联系起来，把世俗的感情神圣化，这在理智上令人难以解释。要知道，人类的感情并不仅仅涉及到感情双方，哲学意义上的感情更是包括了社会背景。比如在战争时期，分别处于对立国家的男女双方的感情肯定会受到战争的影响。仅仅将感情放在宗教的立场上，只是一味地宣扬善良、爱人与舍己精神，这在当时的德国社会中根本就是忽视现实、忍让逃避的行为。而且，恩格斯指出，在德国这样的阶级社会中谈人与人之间的平等与仁爱简直是贻笑大方。人们的生产关系与阶级关系是制约人与人关系的关键所在，资本家与工人、贵族与平民，在现阶段的社会中，根本没有共同感情基础，这又怎么可能出现资本家与工人平起平坐、称兄道弟的局面呢。感情虽然是个人精神的产物，拥有一定的独立性，但受到社会现实的制约是不可避免的。费尔巴哈忽视人类的社会地位，将感情囫囵混为一谈，天真地以为只要将其神圣化，就可以丢掉现实的不幸，就可以过上完满美好的生活，这不过是只要心中充满爱，革命与混乱就会自动消散的自欺欺人的愿望罢了。

其次，费尔巴哈从宗教的词源学入手将其与人类的感情联系起来，这只是一种唯心主义的语言游戏罢了。费尔巴哈说宗教（religion）一词是从联系（religare）演变而来的，因此宗教在产生之初就有"联系"的意思，所以两个人之间的任何联系，就都是宗教意义上的，人类的感情联系，就是指宗教。恩格斯无奈地评论说，费尔巴哈不是从宗教这个词的历史发展来理解，反而自作聪明地根据词源学进行诡辩。语言在产生之初，有着特殊的含义与拼写方式，但是随着生产与历史的发展，语言并不是固定不变的：有些词语只是在特定的历史时期用到，时间一过，它的效用便不复存在了；有的词语在产生之初过于复杂，经过时间的洗礼，它变得简单而实用；有的词语随着人类思维观念的发展以及不同地域的传播，逐渐改变了原来的语义，拥有了全新的内涵。因此，宗教一词虽然在产生之初是被当作"联系"理解的，但是经过各种文明的荡涤，宗教已经变成了对某一类事物的崇拜精神的统称。费尔巴哈将宗教的语义还原到产生的最初水平，只是一种主观唯心主义的把戏罢了。他为了维护宗教的地位，为了不致使宗教从历史上消失，将不相干的东西生硬地拼凑起来，这实在不能算是高明的辩解。

在恩格斯看来，费尔巴哈这样的做法，与40年代的改良主义者路易·勃朗等人没有什么区别。路易·勃朗等人认为，人一生下来就有宗教的观念，不信宗教的人是一种怪物。他们指责恩格斯与马克思，认为他们所谓的无神论者也有自己的宗教，无神论就是他们的宗教！因此，费尔巴哈与那些小资产阶级者的行为没有什么不同，他们不过都是为了使宗教教义永远存在于人世间而努力罢了。

再次，费尔巴哈企图在唯物主义的自然观的基础上建立起真正的宗教，使唯物主义变得神秘主义化，是把现代化学当作了**炼金术**。炼金术是最早产生于古代中国、印度等地的点金术，也被称为"炼丹术"，人们发明炼金术，企图通过这种方式将普通的金属变为黄金或"长生丹"。炼金术是现代化学的雏形，在 12 世纪，炼金术曾红极一时，并且被教会所利用。炼金术士们相信除了水、火、气、土之外，构成世界的物质还有一种"第五元素"，他们将所谓的"第五元素"称为"哲人之石"，它不仅能够点石成金，并且可以包治百病，使人长生不老。可以说，"哲人之石"乃是炼金术的精髓所在，它是炼金术士们的最终追求。恩格斯说，费尔巴哈意欲建立的无神的爱的宗教，就好像是不追求"哲人之石"的炼金术，是根本就不可能存在的。况且，炼金术与宗教的起源之间有着千丝万缕的联系，炼金术士们对"哲人之石"的追求就好似对神的追捧一般，炼金术本身就是一种对神秘主义的盲目崇拜，宗教总是与神秘脱不开干系的。恩格斯将费尔巴哈的宗教观比喻为现代的炼金术，是说他企图用唯物主义的自然观建立一种无神的宗教，这本身就是一种荒谬、唯心主义的行径。

第四点，费尔巴哈夸大了宗教的历史作用，将人类历史的变迁理解为宗教的变迁。首先，恩格斯强调，宗教的变迁只是一种表象，人类各个历史时期发展的深层原因乃是社会经济文化的发展，宗教的变迁也只是体现出了这种经济文化的发展而已。历史上，真正跟随社会变迁的宗教迄今为止只有 3 种——佛教、基督教以及伊斯兰教，特别是基督教和伊斯兰教，它们使中世纪的变革带上了浓重的宗教色彩。

佛教产生于古印度的奴隶社会，它宣扬人生极苦、涅槃极乐的思想，指导修行之人要通过修行，忘却一切尘世的烦恼，达到功德圆满的境界。佛教这样的思想后来成为了奴隶制国家统治人民的工具。公元前 3 世纪起，佛教逐渐南向传入缅甸、泰国，公元元年前后，佛教北向传入中国的西汉社会，并经由中国传入朝鲜、日本等地，成为这些国家封建统治的有力工具。公元 9 世纪，印度本国出现封建割据势力，佛教因此而衰落并被印度教代替，但是在印度之外的其他国家，佛教仍然流行，甚至成为某些国家的国教。

基督教源起于犹太教，它本是平民的宗教。随后它吸收了希腊哲学思想以及东方的神学思想，宣扬上帝之子降临世界，拯救人类。这样的宗教被罗马帝国定为国教，成为统治者征服其他民族的工具。随着罗马帝国的分裂，基督教被分裂为罗马公教（天主教）和希腊正教（东正教）。在中世纪，基督教一家独大，统治欧洲社会长达几百年之久。16 世纪，随着资产阶级的兴起，宗教改革运动轰轰烈烈地展开了，资产阶级利用宗教的外衣对罗马教皇进行讨伐，在天主教内部建立了很多代表资产阶级利益的新兴教派，有路德派，加尔文派等。直到现代社会，基督教共有三大教派：天主教（流行于意、法、西、葡、奥等国）、新教（即中国本土所谓的基督教，流行于德、英、美等国）和东正教（流行于俄罗斯、乌克兰、希腊等国）。

伊斯兰教起源于沙特阿拉伯，是由麦加的商人所创，它宣扬安拉是宇宙唯一的真神，人类应该信仰安拉，服从先知的教诲。这种宗教在阿拉伯的商人、游牧民族中广为流传，为阿拉伯建立起统一的国家发挥了重要的作用。该教的经典典籍《古兰经》宣扬要对异族进行圣战，因此，信仰伊斯兰教的各国人民的起义往往带有宗教色彩。11 世纪在北非爆发的反封建运动就是在伊斯兰教义的指导下进行的，并且最终起义人民建立了阿尔摩拉维王朝。

除了这 3 种宗教，其他的部落自发形成的宗教产生的影响要小得多，这些宗教只能在本部落或本民族内部传播，一旦这个部落或者民族遭到破坏，这个民族的神也就不再产生影响了。因而这样的民族的神只能在特定的历史时期、特定的范围内发挥作用，而对整个人类历史的变迁则不会产生太大的影响。例如，在原始社会阶段，欧洲的日耳曼民族还是信奉自然神教，保持占卜、祭祀习惯的群体。公元 5 世纪，骁勇善战的日耳曼人大举进攻罗马帝国，并迅速占领了帝国，成为帝国的统治者。但是他们并没有将传统的自然神带入帝国的土地上，而是与残余的罗马贵族一道，改信适应罗马社会政治、经济形势的基督教，并且将这种宗教定为帝国的国教，以加强对人民的统治。上述这些事例都表明了，不是人类社会发展适应宗教的变革，而是相反，人类社会的发展决定宗教的变革。

其次，并不是所有的历史变革都带有宗教色彩，只有在宗教发展适应社会变革的时候，宗教才能起到一定的积极作用。在 13 世纪到 17 世纪的欧洲社会，新兴资产阶级因为势单力薄，只能打着宗教的旗帜进行反封建的资产阶级革命。16 世纪德国爆发了大规模的宗教改革运动，路德反对罗马教皇的超级特权地位以及豪奢的礼拜仪式，要求对宗教进行改革、简化；17 世纪，加尔文率领清教徒反对英国国王领导的国教会，要求全面推行新教。表面上看，这是宗教内部的变革，但这实际上，是新兴资产阶级主张自身利益的一种体现。当时社会中，基督教仍然在社会上，乃至人类的思想上占据统治地位；成长中的科学和逐渐式微的哲学都只是神学巩固自身统治的工具；新兴的资产阶级还没有能力提出成熟地资产阶级改革方案，也没有足够的势力能够完全实现自己是政治意图，因此，他们只能借助于宗教改革，逐步为资本主义的发展扫清障碍。当资产阶级已经强大到足够可以建立他们自己的意识形态的时候，宗教就被他们抛弃在一边了。18世纪，法国的资产阶级已经强大到了提出自己的口号的时候了，政治自由、法律平等、博爱大众的誓言已经深入人心了，他们已经完全不需要宗教外衣的掩盖了。他们广泛发动群众力量，直接向封建贵族势力开火；他们以资产阶级理论为武器，将斗争的矛盾直接指向专制王权；他们完全不理会宗教神学的所谓教义，也没有想到要用其他别的宗教来代替基督教，宗教已经整个地被抛弃了。大革命的领导者罗伯斯庇尔在建立革命政府之后，由于害怕群众的力量，试图创造一种"最高存在物"，用这种"存在物"代替旧的基督教，以继续加强对人民的思想控制，但是显然已经没有任何作用了。他妄想用这种换汤不换药的宗教形式安抚群众，稳定社会秩序，最终只落得了失败被杀的下场。

因此，宗教总是要与它赖以生存的社会环境相适应，近代欧洲社会变革总是带有宗教色彩的原因也不难理解，因为中世纪的历史只知道一种意识形态，那就是宗教神学。我们没有理由因为近代革命总是带有宗教色彩，就将宗教变迁看作是历史发展的必然，因为法国的大革命已经给我们上了深刻的一课。并且，近代革命的宗教色彩并不能按照费尔巴哈所谓的爱的宗教去理解，因为还有更深层次的经济社会原因。总之，费尔巴哈关于宗教的历史观点是完全唯心主义的，是为了将他自己的宗教观合理化地自圆其说。彻底的唯物主义是贯穿于一切社会领域和自然领域的，只是坚持自然观上的唯物主义，将社会学上的唯心主义嫁接到自然唯物主义的基础上，仍然是一种唯心主义的宗教。

第四点，费尔巴哈将人与人之间纯粹的感情理解为宗教，将阶级的斗争看作宗教变迁的附属品，是企图掩盖德国社会的阶级现状的行为，这对革命斗争造成了消极影响。恩格斯指出，在阶级社会中，人与人最本质的关系是阶级关系和生产关系，因为阶级的对立，阶级双方表现出来的是剥削与被剥削、压迫与被压迫的关系，人类之间美好的、纯粹的良善、尊重只是在一定程度上存在。在封建社会中，家庭成员之间的感情、同胞之间的感情，都要以封建等级制度为基础；在资本主义社会中，兄弟之亲情、朋友之友情，都要被放置在金钱的天平上衡量，"资产阶级撕下了罩在家庭关系上的温情脉脉的面纱，把这种关系变成了纯粹的金钱关系"①，人类间的宝贵的感情早已不是社会生活的主要内容了。人类为了追求自己的利益，一切感情都成为可以抛弃的、可以利用的，一切田园诗般的关系都被破坏了，一切宗教的虔诚、骑士精神的热忱、小市民式的伤感，都被淹没在利己主义的冰水当中了。费尔巴哈将破碎的、愿想式的纯粹情感重提，虽然表现出了对良善的社会道德的追求，但是却抹杀了阶级社会中人类情感的阶级性，掩饰了资本主义社会阶级对立的事实，消解了阶级斗争的必要性，最终影响了无产阶级斗士的革命热情。

在恩格斯看来，当时的德国社会中，历史发展的精神推动学说已经很猖獗了，庸俗的资产阶级用精神的原动力消解着阶级对立。那些历史编纂学者从历史唯心主义的观点出发，将宗教阐述成为历史发展的动力，将革命斗争的历史描绘成为教会史发展的附属品，费尔巴哈的爱的教义再有新意，也不过是这些理论的一种传承，一些陈词滥调罢了。恩格斯信心满满地说，"现在我们已经离开费尔巴

———————————

① 马克思，恩格斯：《共产党宣言》。

哈那么远了"①，因为他们已经发现了人类社会发展的客观规律，他们已经认识到阶级斗争乃是现阶段社会发展的推动力，其他的政治上或者宗教上的斗争，或多或少都是阶级斗争的表现形式而已。人类要想实现自由、解放，将希望寄托于宗教幻想是毫无用处的，因为爱的宗教除了满口的赞美与满目粉红色的幻想，再也没有别的用处。只有科学的唯物史观，科学的革命斗争纲领，才能够将德国民众从水深火热中解救出来。

"费尔巴哈认真研究过的唯一的宗教是基督教，即以一神教为基础的西方的世界宗教……这个神本身是长期的抽象过程的产物……与此相应，被反映为这个神的人也不是一个现实的人，而同样是许多现实的人的精华，是抽象的人，因而本身又是一个思想上的形象"② ——

这段话中，恩格斯分析了费尔巴哈宗教观中带有唯心主义成分的原因。费尔巴哈说宗教中的上帝是人类按照自己的形象虚构出来的，但是这个上帝的原型，这个所谓的人类，并不是一般意义上的社会上具体的存在者，而是现实的人的精华。所以这个人不是活生生的人，他是一个类存在物，就是说将所有人的特点都汇聚到一起，然后挑选出所有人都共有的那种属性，这些属性，就是一个类存在物所拥有的全部属性，也是上帝所具有的属性。所以，这样的类存在物没有种族、民族的差别性，只是以全部的人为对象的抽象的概念，正如恩格斯所说的，费尔巴哈的人是从上帝那里引申出来的，还带着抽象的光环。

---

① 恩格斯：《路德维希·费尔巴哈和德国古典哲学的终结》。《马克思恩格斯选集》第四卷，第236页。

② 同上。

费尔巴哈的人的概念是超越社会、超越历史的，在他看来，人与动物都是自然界的一部分，人与动物的不同点就在于人类有意识，人类是自然界的最高产物，因此费尔巴哈眼中的人类学就是高级的生物学、生理学，两性关系就是人类的本质，男人的本性就是男性，女人的本性就是女性，如此而已。费尔巴哈的人的概念除了感情（或者只是爱情）与肉体，没有其他的属性，这样的人的概念只是建构在自然基础之上的"自然人"，他离开了人类社会的物质生产关系，因此他的"人"只是抽象的人，在这种抽象的、离开现实基础的概念之上，费尔巴哈建构起来的宗教观、历史观当然也是抽象的，没有现实基础的。

费尔巴哈的社会历史理论都是建立在抽象的人的基础之上的，因此他的宗教观以及伦理观都带有唯心主义的色彩，但是他的宗教思想反对上帝这个绝对思想的权威，打击了基督教神学的反动势力，他的伦理学思想则是完全唯心主义的，恩格斯称这是费尔巴哈整个思想体系中最不值得称道的部分。费尔巴哈声称存在就是爱自己，康德的彼岸世界太过缥缈，人类存在就是为了追求当下的幸福生活，这是道德的基础。但是不能仅仅为了我自己的幸福，破坏他人的幸福，人类彼此间应该克制、相亲相爱，因此，爱是避免一切冲突和矛盾的唯一手段，爱是道德的全部内容。

伦理学也被称为道德哲学，是关于人类社会中道德的起源、发展的学说，是一种指导人类行为的法则体系，当我们遇到诸如"什么事应该做，什么事不应该做"的问题时，就要求助于道德哲学。费尔巴哈在谈到人类的关系时，除了两性之间的关系，就只剩下道德关系了。而就是在道德方面，恩格斯说，费尔巴哈的贫瘠程度又使人感到诧异不已。在这里，恩格斯提到了黑格尔的伦理学体系。

黑格尔的伦理学就是他的法哲学。在法哲学中，他考察了绝对精神的发展阶段，也就是法的概念现实化的过程，通俗地说，就是作为个体的人如何通过家庭、社会等各种伦理机制获得社会性和理性的过程。在整个伦理学体系中，包括了法学、政治学、经济学以及关于道德的学说，虽然黑格尔所论述的是概念的发展，是绝对精神在历史过程中的发展运动，从形式上看是唯心主义的，但是其中所涉及的内容却是与现实的社会生活息息相关的。因此黑格尔的哲学虽然是唯心主义的，但是他的伦理学从内容上看却是真实而具体的。

黑格尔的法哲学其最核心的部分就是伦理学，在《法哲学原理》一书中，黑格尔将伦理与法紧密地结合起来，认为伦理乃是法的最高形式，而伦理的核心就是自由意志，或者说就是绝对精神，黑格尔将伦理与国家学说联系起来，就成为了阐述绝对精神的外化发展过程。因此在黑格尔那里，伦理不是单纯的那种外在的人际关系、礼仪风俗和制度，而是人类建构如此这般外在的、规定人类自身的东西的原因，这样的建构是人类从普遍意识经过历史发展必然产生出来的共同体意识的展现，它表现了人类从感性到理性、从他律到自律到二者统一的发展路程。这个发展阶段包括：①抽象的法，也就是人人都普遍享有的法，如财产法；②道德，这是主观意志的法，是个人内心自由意志的实现；③伦理，这是抽象的法和道德的统一，涉及到了人类生活的制度形态。在伦理阶段中，绝对精神又经历了家庭、市民社会和国家3个阶段。爱是伦理的起源，爱使人类进入到家庭生活中，家庭是直接的伦理实体，它的基础是婚姻，婚姻不仅有两性关系，而且具有法的意义，是两个人格的统一，是两个独立的人格组合成的统一人格。寻求一个统一的共同体就是伦理的真正意义，人类只有在集体中才能意识到自我人格的存在。在子女出生之后，父母对子女有抚养与教育的义务，这是一种伦理上的义务。而另一方面，由于教育以及子女的成长，子女逐渐形成自己的独立人格，在他们成年之后，他们具有了被承认的法律的人格，随着父母的老去、死亡，家庭的共同人格处于分裂状态。家庭的发展、分裂促使了更多家庭的产生，也促使了更多独立人格的产生，随后，市民社会便诞生了。黑格尔是第一个成功地阐释了市民社会的哲学家，他认为市民社会的最主要的功能，就是满足个体的需要，因此，市民社会在本质上是自利的。独立的个体离开集体是无法生存的，因此在市民社会中，每个人都是从自身的利益出发，在与他人的互动中，达到自己的目的，由此催生了共同体的产生。独立的人格通过共同体达到自己的目的，因此独立的人逐渐产生了普遍性的意志，也就是将自己作为整体的一员的自觉性，这就产生了国家。国家利用法律保障个人的人身和财产安全，通过提供公共福利实现稳定与和平，个人利益与国家利益实现了统一，因此个人的意志与国家的意志实现了高度的统一，这样的统一性就是自由意志或者绝对精神的完成和实现。

在黑格尔的概念体系中，家庭、市民社会与国家都是伦理世界的产物，因此黑格尔概念中的国家并不是历史上真实存在的国家，而是一个理念上的国家。①

"在费尔巴哈那里情况恰恰相反。就形式讲，他是实在论的，他把人作为出发点；但是，关于这个人生活的世界却根本没有讲到，

---

① 黑格尔的哲学体系非常宏大，其中涉及到了哲学、法学、宗教学、政治学、美学等等，若想深入了解黑格尔的思想体系，可以研读邓晓芒教授的《邓晓芒讲黑格尔》（北京大学出版社，2006年版）等书，其中的语言比较通俗平实。

因而这个人始终是在宗教哲学中出现的那种抽象的人。"① ——

　　费尔巴哈笔下的人类，是只拥有感情与善良的道德的自然存在者，这样的人没有阶级、民族的差异、没有经济上地牵连和政治上地对立。他的"人"的概念虽然是一切理论的出发点，但遗憾的是，这只是一个带着唯物主义名头的空架子。虽然他也认为人与人之间存在联系和交往，但是抽象的人之间的交往也是抽象的，这种交往没有任何社会政治或经济基础。并且，费尔巴哈的伦理观有一点不同于他的宗教观。在他的宗教哲学中，人类有男人与女人的区别，可是在伦理学中，"人"这个概念连性别的差异都被消解了。就是说，人类存在于社会这个大家庭之中，他们都有共同的特性，他们不论男女老幼，不论尊卑地位，大家都是同样的存在物，都共属于"人"这个概念范畴内，因此，维系人类内部稳定的唯一手段就是爱。而且，这个爱也是人类存在的唯一证明，一个人爱得越多，就越是存在，越是存在，则爱的越多，什么也不爱就是说明根本不存在。可见，费尔巴哈的伦理观除了爱，还是爱，他的爱已经被神圣化了，已经成为了空洞的老调重弹。

　　费尔巴哈偶尔也会提出贴合社会现实、遵循唯物主义原则的命题——"皇宫中的人所想的，和茅屋中的人所想的是不同的"②，这里，费尔巴哈似乎点出了人类的生活环境不同，那么他们所思所想的也会不同；他说："如果你因为饥饿、贫困而身体内没有养料，那

---

　　① 恩格斯：《路德维希·费尔巴哈和德国古典哲学的终结》。《马克思恩格斯选集》第四卷，第 236 页。
　　② 恩格斯：《路德维希·费尔巴哈和德国古典哲学的终结》。《马克思恩格斯选集》第四卷，第 237 页。

么你的头脑中、你的感觉中以及你的心中便没有供道德用的养料了"①，似乎说明了人类的道德活动也要以物质条件为前提，若没有物质条件，那么也很难有精神上的养料；他也会说："政治应当成为我们的宗教"②，似乎证明了人类是社会动物，也是政治动物。从上述恩格斯列举的 3 个例子，我们可以看到费尔巴哈的唯物主义思想，看到他通过谈论道德、政治逐渐接近唯物主义的领地，接近人类社会生活深深掩埋的本质，超越 18 世纪的那些机械唯物主义的思想，但是最终，他没有深入理解上述命题，没有在实践中将这些命题真正贯彻下来。施达克对此也不无无奈地感慨，政治对于费尔巴哈来说，是一个不能通过的领域，他不愿意涉足政治的深潭之中，只愿隐身乡间，因而，他的理论无法突破固有的思维模式，他只好站在唯物史观的大门外，从来没有踏进一步。

在善恶的观念上，费尔巴哈的理论也是肤浅的，他认为善是人类的本性，所谓的善就的与人类所追求的东西相适应，而恶就是反对人类普遍所追求的东西，就是说如果仅仅适合某一个人的利益，这在费尔巴哈看来就是恶劣的。这样的恶，对于社会发展根本毫无益处，没有研究的必要。对比于费尔巴哈，恩格斯认为，黑格尔要高明得多。黑格尔曾说过："有人以为，当他说人本性是善的这句话时，是说出了一种很伟大的思想；但是他忘记了，当人们说人本性是恶的这句话时，是说出了一种更伟大得多的思想"③。黑格尔虽然是唯心主义的，但是这段话中蕴含了丰富的辩证思想。善与恶是自

---

① 恩格斯：《路德维希·费尔巴哈和德国古典哲学的终结》。《马克思恩格斯选集》第四卷，第 237 页。

② 同上。

③ 恩格斯：《路德维希·费尔巴哈和德国古典哲学的终结》。《马克思恩格斯选集》第四卷，第 237 页。

由意志的两个方面，它们都源于自由意志，相互依存，对立却又统一。在社会发展中，并不仅仅是善的作用，恶作为自由意志的另一方面，自然也是社会历史发展的推动力，并且，在黑格尔看来，这个发现要比善是发展的动力的看法重要得多。如果人类的看法仅仅停留在肯定的方面，这种看法是僵化的，肯定中蕴含的否定的、恶的东西，才是历史发展的"原动力"。

恶对社会历史发展的推动力表现在两个方面：首先，恶是一种否定性的力量，历史上每一种新事物的诞生都是对某一个神圣事物的亵渎，都是对老旧的、僵化的事物的否定和批判，这正是历史发展的真实过程的反映。在普通人看来，战争是邪恶的，它使生灵涂炭，但是黑格尔说，反对战争才是"绝对邪恶"。人类社会不需要永久的和平，因为和平滋生僵化与堕落，而战争却能够调动起人类的热血与激情，可以加强人民内部的忠诚与团结。并且，古往今来的农民起义、无产阶级斗争，这些革命在封建阶级和资产阶级看来都是绝对的恶，是绝对不可以容忍的暴行，但正是这些起义与战争，推翻了剥削阶级，推翻了旧制度，建立了更符合人性的新制度。

其次，人类的贪婪等恶的欲念如果恰好顺应了绝对精神发展的要求，也可以促进社会的发展。例如在封建社会，新兴的资产阶级为了扩大自己的经济利益和政治上的影响力，不仅在本国进行资本掠夺，更是开发海外市场，掠夺原料和资本，这在无形中，不仅增加了本国的贸易，促进本国的资本积累，也促进了世界贸易的繁荣，为后来的国际经济贸易一体化做好了准备。马克思曾不加掩饰地形容资本，认为它从头到脚的每一个毛孔都充满了血和肮脏的东西，但是资本对社会历史的推动作用也是显而易见的。

黑格尔将恶看作社会历史发展的原动力无疑是一种理论上的进

步，他从辩证发展的角度诠释了善恶的相互转化以及恶的强大影响力，这对于恩格斯与马克思的辩证唯物主义理论有很大的借鉴意义。但这对于费尔巴哈来说，并不是一个愉快的话题。在费尔巴哈的理解中，善与恶的评判完全来自感觉，令人感觉到愉快的就是善的，令人感觉到不快的就是恶的；放纵过度会产生恶果，使人感到痛苦，因此这是恶的，恶对人类的发展没有一点益处；并且讨论善恶，应该将其放在整个人类集体的意义上，人不仅应当使自己愉悦，更不能作恶而使别人不快乐，因此人人都应该放弃追逐恶的东西。在历史领域上，对于因为追求利益和个人欲望而造成的社会斗争，费尔巴哈表示出了强烈的反感，认为这样的恶的东西将历史搞得一团糟，把历史变成了可怕的领域。他对此说过这样的一句话："当人最初从自然界产生的时候，他也只是一个纯粹的自然物，而不是人。人是人、文化、历史的产物"[①]。人从自然里来，但他是多种因素的融合体，费尔巴哈在说出这样一句话的时候，是明白人的社会性与历史性的，可惜他对历史充满了恶的回忆，他只愿人类在充满爱意的幻想的世界中相互扶持，而不愿回到真实的历史领域中去探寻人类真正的本质。

不同的历史时代，不同的阶级背景，人们坚持的道德理念都是不同的，我们不能指望大资产阶级与工厂的工人拥有一样的善恶观，大资产阶级可能会认为工人是懒惰而无能的，而工人一定会认为大资产阶级是自私自利并且可恶至极的，二者永远不可能拥有同样的善恶追求。费尔巴哈不会区别这些，他躲在资产阶级的保护伞下，希望通过空洞的口号唤醒人类的自然本性，通过口号使人抛弃掉一

---

① 恩格斯：《路德维希·费尔巴哈和德国古典哲学的终结》。《马克思恩格斯选集》第四卷，第237～238页。

切恶的、不符合当下身份的追求，这些东西在坚定的革命战士恩格斯与马克思看来，只能是贫乏而肤浅，毫无作用的。

通过善恶的观念，恩格斯点明了费尔巴哈的道德基础，这就是人类追求幸福生活的欲望。这种欲望是人类天生就有的，也是每个人都应该享有的权利，但是在现实生活中，这样的追求过程肯定不是一帆风顺的，它必然会受到两个方面的制约。第一，是受到行为的自然后果的制约。比如喝酒，喝多了就会难受，女生喜欢吃甜品，但是甜品吃多了会引起肥胖以及其他身体疾病。因此，在我们跟随欲望有所行动之前，必须要先估量一下行为的后果，要懂得节制，放纵自己只能适得其反。第二，人的欲望也受行为的社会后果的制约。在社会生活中，每个人都是平等的，你在追求自己的幸福生活，别人同样也有幸福生活的权利，因此，人与人之间就有可能发生冲突。费尔巴哈在这里区分了两种社会关系，第一种是竞争型的社会关系，很多情况下，一个事物的受益方只能有一个人，但是你想要，我也想要，怎么办呢？费尔巴哈说，这时候你要尊重他人。第二种是互利型的社会关系，这才是费尔巴哈所推崇的，这是一种双赢的局面，在追求某个事物时，我可以得到幸福，同时你也可以得到幸福，并且我得到的越多，那么你得到的也就越多，这样我们的感情也就越来越好。这就是费尔巴哈的道德主张，总结起来就是自我节制、尊重他人、彼此相爱。恩格斯也总结说，费尔巴哈道德的基本准则就是"对己以合理的自我节制，对人以爱（又是爱！）"，从中我们可以读出恩格斯的无奈与不满，他说无论是费尔巴哈自己的妙语连珠或者是施达克无比热情的赞美都掩盖不住这几个命题的肤浅与空乏啦！

首先，恩格斯认为费尔巴哈的道德基础过于抽象化，在现实生活中根本不可能实现。费尔巴哈的道德观虽然看起来美好，看起来似乎适合人类社会的任何一个时期，但是在实际上，它并不适合历史上的任何一个时期。因为道德是具体的，也是需要物质基础的：食物、书籍、异性、娱乐、消费等等。正如费尔巴哈自己承认的那样，当你感到饥饿的时候，如何还有多余的精力去追求更美好、更精致的生活呢？尽管在费尔巴哈的道德观上，他所提倡的不是个体的利己主义，而是整个人类普遍的利己主义，但是在阶级对立问题如此尖锐的社会中，统治者对被统治者除了剥削不可能再存在其他的统治手段了，而资产阶级之间自产生以来就相互倾扎，整个社会的状况就是个人利益与他人利益相互冲突，如何能存在一种对任何人都有利的情况呢。因此，恩格斯说费尔巴哈的道德或者是以每一个人都有满足欲望的手段为前提，也就是说每个人都有足够的能力实现自己的欲望，或者只是向人提供一些无法应用的忠告而已，在现实生活中，鉴于无产阶级的窘迫状况，他不可能有实现自己愿望的能力，因为如果他真的有这种能力，那么他也就不可能成为无产阶级了，因此第一条的可能性是不存在的，费尔巴哈的道德论只不过是无法实施的忠告，不存在任何现实意义。

其次，恩格斯认为在存在阶级的社会中，不可能存在人人平等。很明显，不同阶级的道德观念是不同的，剥削阶级的利益永远是建立在被剥削阶级的痛苦之上的，奴隶主与奴隶之间、中世纪的领主与农奴之间，除了赤裸裸的压迫与支配关系，哪里还有平等的踪迹？在资本主义社会，资产阶级为了发展资本主义，迫切需要废除封建统治的阶级压迫，因此在启蒙运动以来，资产阶级就高举理性与平等的旗帜，主张废除封建等级制度以及贵族特权，实现人人平等。是的，随着资产阶级斗争的深入，人的尊严确实被恢复了，人人平等也逐渐在法律上被确定了下来，但这也只是口头上的权利而已。资产阶级的私有财产依然神圣不可侵犯，为了资本与利润，资产阶级甘愿冒一切风险，马克思引用过一段话直击资产阶级视资本如命的本质：一旦有了适当的利润，资本就胆子大了起来，如果有10%的利润，那么它就可以保证到处被利用；如果有20%的利润，它就会活跃起来；如果有50%的利润，那么它就可以铤而走险；如果有100%的利润，它就敢践踏一切人间的法律；如果有了300%的利润，那么它就敢犯任何罪行，甚至冒绞首的危险！为了个人的利益，资产阶级随时都可以践踏人人平等这个空泛的口号；而工人阶级呢，即使有了人人平等这样的法律保障，也依旧很难实现创造自己的美好生活的愿想，因为首先人们需要有谋生的物质基础，而后才能通过追求理想而实现幸福生活。现实的物质资料被掌握在资产阶级手中，很多工人仅仅能够维持最基本的生活水平，如何会有多余的物质条件以创造更好、更舒适的生活呢！

追求幸福生活的愿望只有一小部分可以靠法律上、或者说观念中的平等权利得到满足，而绝大部分都需要物质手段，因此，在只能勉强度日的工人家庭中，人人都有平等的受教育的机会不过是一句空话，资产阶级所给予的，并没有比封建贵族多很多。在1866年普奥战争中，普鲁士的军队在萨多瓦战役中获胜，有资产阶级的代言人宣称：萨多瓦的胜利是普鲁士校长的胜利！这是赞扬了普鲁士的教育体制，认为普鲁士军队的胜利得益于普鲁士国民教育体制的优越性，从此，这句话在普鲁士的资产阶级中广为流传，成为了德国当时资产阶级革命的光荣成果。恩格斯提出，这个"萨多瓦的教师"不过是资产阶级自欺欺人的噱头，德国普通民众受教育的程度并不比其他国家高，他们受教育的权利也没有比其他国家多。所谓的人人平等在物质条件根本不平等的阶级社会中，只能是一个谎言。这个谎言在马克思提出"剩余价值理论"之后，终于被揭穿，因此，只有消灭了阶级，全体公民处于同等的社会地位的时候，人人平等才能真正实现。

再次，费尔巴哈的道德论是完全贴合于资产阶级的，他的理论目的无非是在为资产阶级辩护。恩格斯指出，不管费尔巴哈的真实意图如何，他的节制与彼此相爱的道德论都恰好贴合了资本主义的发展状况，是完全适用于资本主义社会的。为此，恩格斯举出了资本主义证券交易的例子。按照一般的观点，证券交易所是一个投机场所，资本家利用股票的上下波动赚取差价，可是利用费尔巴哈的道德论来看，在交易所投机的资本家都是追求自己的幸福理想的高尚的人。让我们来具体理解一下，从动机上看，这些资本家都是自愿的，都是为了追求幸福而去的，并且他们并没有妨碍到别人对幸福的追求，因为这是只关乎你的操控分析能力的事。如果一个资本家因为善于分析而且行为克制，那么他的成功就是理所当然的，成功得到了钱，通过自己的分析得到了幸福的生活，那么他在道德上就是一个善良的人。如果相反的，一个资本家在交易所里赔了钱，那么他就是在追求自己的幸福过程中失败了，这是由于他的不克制、不善分析引起的，因此这个人在道德上就是恶的，那么他赔钱也是理所当然的。因此，充满铜臭味的证券交易所现在看来是一个充满爱意的存在，它是以拉达曼这个古希腊正直的审判者的形象展现在世人面前的，他完美地执行了费尔巴哈的爱的教义，它的爱不仅仅是温情的，也是公平和克制的。交易所中有赚就有赔，有成功者就有失败者，有道德高尚的人就有品行恶劣的人，道德高尚的人会得到奖赏，品行恶劣的人会受到惩罚。因此，每个来到交易所的人不仅想使自己得到幸福，也在内心中怀揣着对他人的幸福生活的包容，他们在心底都带有为了他人的幸福牺牲自己的准备，交易所就是爱的天堂，投机的资本家都是悲天悯人的天使。整个资产阶级社会充满了这样的温情场所。

通过交易所的例子，恩格斯用淡淡讽刺的文字揭开了费尔巴哈道德观的懦弱本质。虽然在费尔巴哈本人看来，这或许是他最不愿意看到的局面，但是作为资产阶级知识分子的一员，作为隐身乡间埋首创造的哲学家，他无法突破自身的局限性，他看不到社会现实之下掩盖的真正本质，他身边没有志同道合的人给予帮助和指正，因而创造出来的道德伦理观点反映出了资产阶级的利益，这是完全不可避免的。

"可是爱啊！——真的，在费尔巴哈那里，爱随时随地都是一个创造奇迹的神，可以帮助克服实际生活中的一切困难，——而且这是在一个分裂为利益直接对立的阶级的社会里。这样一来，他的哲学中的最后一点革命性也消失了……大家都陶醉在和解中了！"① ——

费尔巴哈反复地强调自爱以及对他人的爱，强调人类的利己主义的本性以及利己主义的普遍性，强调爱自己就是爱他人，通过爱他人可以调节一切社会问题。所以，有了爱这个上帝，一切阶级矛盾和社会问题都不再是问题了，人类不需要争端，不需要革命，因为爱的能力完全可以得到甚至连革命都达不到的效果，革命需要冲突和流血牺牲，而爱本身就可以削弱强者的势力，增强弱者的地位，贵族与平民在爱的关怀下就可以处在同等的地位上了，因此，费尔巴哈哲学中再也不需要革命这个字眼了。在对基督教的批判中，费

① 恩格斯：《路德维希·费尔巴哈和德国古典哲学的终结》。《马克思恩格斯选集》第四卷，第240页。

尔巴哈的言语也不无犀利、讽刺之处，对于上帝的存在，他的立场是明确的：推翻上帝的统治，解除人们思想上的禁锢。因此，在那里，他的革命性意图还是比较鲜明的，唯物主义的倾向也比较明显。但是回到道德伦理方面，回到对尘世的批判中，他的学说中就再也找不到一丝革命性的痕迹了，只剩下了一个老调子，那就是爱吧。

因此，恩格斯总结说，费尔巴哈的道德论跟所有其他的唯心主义道德论一样，自以为找到了适合于一切时代、一切民族、一切情况的道德体系，但是他们不知道，正是因为超历史、超阶级的特征，这些理念反而不适合任何一个社会。曾经的原始社会，人类也享有过人人平等、没有压迫的幸福生活。但是在那个时候，生产力不发达，人们的劳动产品仅仅能够维持自家的生计，没有剩余产品，当然也就没有剥削。我们说那时候人人都是平等的，只是因为现如今的我们已经知道了不平等这个概念，在不存在不平等的社会环境下，人类是根本不可能有平等这个概念的。费尔巴哈以及他的先驱者们意图建立一种适用于一切环境的道德原则，是在社会物质生活发展的基础上，要求精神生活的倒退。

在现实生活中，每个阶级、每个行业都有自己的道德准则，国王不可能跟平民享有同样的道德标准；在古代的中国社会，甚至贵族阶级中的男女也不可能享有同样的权利和地位，三纲五常的封建礼教时时彰显着夫为妻纲的道德束缚；小偷也不可能像日行一善的人那样，坚信偷盗是恶习，沾染恶习的人一定会受到惩罚。随着时代的发展，道德准则自然也会发生变化，只说现如今的中国社会与改革开放之前相比，道德评价的原则早已千差万别。因此，道德标准没有必然的统一性，资产阶级所谓的自由、平等观念也只适用于资产阶级内部罢了。他们所谓的爱的道德没有别的什么用处，只是在资产阶级触犯道德底线的时候可以成为他的护身符，他的贪婪可以在爱的道德理念中找到很好的理由。因此，即使在爱的笼罩之下，资本主义社会中的战争、争吵与纠纷也从来没有间断过，工人阶级为了生存对资产阶级的仇恨也从来没有停止过，费尔巴哈的爱与康德的绝对命令一样软弱无力，对于社会的进步没有丝毫的实质性的帮助。

在历史的洪流中，有的人会因为懈怠和懒惰而随波逐流，他们理所当然的态度以及思想上的惯性造就了权威与真理，跟随所谓的真理的人，他们不会遭受什么损失，但是也不会成就什么辉煌的事业。历史的进步，是有赖于这样一些人：他们不畏真理，不畏权威，他们站在历史的十字路口上，自己决定向左走，或者向右转。正是因为他们的独立进取、永不满足的创新精神，世界才是发展的世界，人才是越来越进步的人。在面对选择的时候，他们或许失去了很多，或许会走入歧途，但是因为他们的勇敢，因为他们敢于说"不"的决心，他们因此而不朽。

面对19世纪错综复杂的阶级环境以及波澜壮阔的革命斗争，费尔巴哈与恩格斯、马克思一道，都转入了唯物主义的阵地中，甚至他的转向更早，更具有启发意义。但是，费尔巴哈在社会历史领域并没有将唯物主义坚持下去，他被称作一个探路者，他没有恩格斯与马克思走的那么远，但是这并不能影响费尔巴哈的显著功绩，他仍然是历史上的一个巨人，恩格斯与马克思正是站在他的肩膀上，看清了整个世界。对于费尔巴哈在社会历史领域的停止不前，恩格斯说，这是因为"费尔巴哈不能找到从他自己所极端憎恶的抽象王国通向活生生的现实世界的道路"[1]。

---

① 恩格斯：《路德维希·费尔巴哈和德国古典哲学的终结》。《马克思恩格斯选集》第四卷，第240页。

首先，费尔巴哈的唯物主义观念也是抽象而直观的。尽管他对黑格尔的绝对精神表示不满，将绝对精神批判为抽象的概念，在他本人的哲学体制那里，他将自然与人设为哲学的研究对象，是最高的存在者。但是这里的自然和人，仍然是抽象的概念。他站在自然界的角度，将活生生的人理解为只有肉体与爱的存在物，这个存在物与动物不同，因为他有意识，他有爱，但是仅此而已。他的社会地位，他的生产关系都是细枝末节，根本没有谈论的必要，因此他的哲学中除了个别天才式的概括，就只剩下了关于爱的华丽辞藻。从他的理论深层的根源来看，费尔巴哈根本就反对将人从历史与社会的角度加以分析，因为他想要创建的，是一个适合于所有社会、所有状况的哲学观念，这里的人的概念也就不需要具体的历史背景与社会背景了。

其次，费尔巴哈之所以对历史社会的具体状况如此排斥，对人类的实践本性不加理会，原因就在于德国反动势力的迫害。因为《基督教的本质》以及其后一系列反封建、反宗教专著的出版，德国封建势力对费尔巴哈实施了坚决的打压政策。因而，他愤慨地与"整个信神的世界决裂"，继而隐居乡间，不再踏入城市间的混乱之中。因此，一方面，长期脱离社会生活，费尔巴哈并不真正了解实践的意义，我们不能要求他在书斋中就凭空转换了自己的思维；另一方面，费尔巴哈因为受到迫害，对所谓的政治活动早就厌烦不已，因此他有可能根本就不希望讨论人类的社会实践的本性，只希望通过宣扬爱来化解德国社会的风云变幻。1848 年革命时期，革命的积极分子以及他的学生都力邀他走出乡间，竞争法兰克福议会的代表，参加真正的革命斗争，他毅然地回绝了，他坚持他的想法，认为他不能以任何方式加入到这种毫无意义的事情中去。直到最后，他还是过着孤寂的生活，离现实社会越来越远，离革命也越来越远。

唯心主义的社会历史观是费尔巴哈自己的选择，但是理论的发展并不会停止不前，费尔巴哈没有完成的，终究会有人接过这个历史的使命，继续走下去。费尔巴哈关于抽象而直观的人的学说，必然会被关于现实的、感性的人的学说所代替，因为这才是历史发展的真实面目。伟大革命理论的产生也需要历史必然性，当历史发展到一定阶段，需要一个新的理论指导的时候，恩格斯与马克思的唯物史观就应运而生了。其产生，是从恩格斯与马克思在 1845 年合著的《神圣家族》开始的。其实，早在 1843 年，恩格斯与马克思就开始了对抽象的人的批判，马克思说人的本质不是人的胡子、血液或者抽象的肉体，而是人的社会特质。1844 年的《〈黑格尔法哲学批判〉导言》的出版，就已经标志着恩格斯与马克思同旧的德国古典哲学的分离了，《神圣家族》的问世，表明了恩格斯与马克思已经开创了自己的马克思主义哲学道路。

作为费尔巴哈的同代人，恩格斯与马克思更具有活力与信心，也更具有革命的热情，他们主动投身于革命运动当中，他们迫切地吸收一切合理的思想理论，他们站在黑格尔与费尔巴哈的肩膀上，共同开创了新时代。他们对黑格尔辩证法的合理继承，使我们知道了任何事物都是一体两面的；历史是不断发展的，当一种制度的发展受到阻碍、人民因此而生活困顿的时候，就需要一种新的制度来取代，这是人类社会发展的真谛。而通过他们对费尔巴哈的人本主义的批判，我们知道了一切社会历史的发展都是人的发展，而一切的哲学研究，都是关于人的研究；人的本质是实践的；真正的实践的思想是通过实践获得的，在书斋中一味地冥思苦想并不会对此有任何实质性的帮助。

第五章 马克思的新唯物主义

在《费尔巴哈论》的第四章，恩格斯总结了前几章的内容，重点阐述了马克思主义的产生以及基本原理。马克思主义哲学是站在德国古典哲学的基础之上，通过对其内容的扬弃而创立的。恩格斯与马克思将黑格尔的辩证法从其唯心主义体系中解放出来，接着借鉴了费尔巴哈哲学的唯物主义观念，结束了思辨哲学在哲学史上的长期统治，还原了自然发展的本原面目。同时，他们在历史观上超越了费尔巴哈，为社会历史的发展也赋予了唯物辩证法的内涵，从而真正揭示了人类在社会历史发展中的地位与作用，科学地解释了人类进步发展的内在实质，终结了唯心主义在哲学史上长期占据主导地位的状况，促进了哲学领域的巨大变革，也促进了社会革命的发展进程。

在这一章中，恩格斯着重解释了生产力与生产关系的重要作用，提示生产力的发展是一切社会发展的最终目标，而生产力与生产关系之间的关系则是一切社会发展的原动力；也揭示了阶级斗争的实质以及它对历史发展的重要推动作用。并且由上述几个方面的阐述论证，恩格斯最终得出了由无产阶级通过暴力革命夺权的历史使命，提出了只有无产阶级才能推翻阶级对立、实现全人类解放的科学论断。

马克思主义理论是一个庞大而内涵丰富的哲学、政治经济学理论，而辩证法与唯物主义原则，是全部理论展开的基石，但是，仅仅用唯物主义，是不可能概括马克思主义的全部内涵的。虽然我们已经身处和平年代，已经很难感受到恩格斯与马克思笔伐中的革命与热情了，但是这丝毫不能影响我们对其博大精深的理论内涵的学习、吸收，科学的马克思主义对我们当代个人素养的完善、社会建设的发展仍然具有重大的提升与促进意义。因此，在阅读本章的过程中，我们需要重点把握关于生产力与生产关系方面的原理；把握经济基础与上层建筑的关系；同时也要把握辩证的方法，时刻牢记要运用辩证的眼光看待问题。我们要时刻相信，历史不会终结，事物的发展生生不息，即使是在和平的年代，我们也可以有大作为，而我们的行动，就是历史。

第一节　新唯物主义诞生的历史背景

1. 唯物辩证法的有力推动者——自然科学的崛起

恩格斯曾经说过，唯物辩证法的创立不仅是由于他与马克思二人的努力，也是顺应了历史发展的客观趋势。随着历史的发展，生产实践与自然科学都有了长足的发展与进步，它们都为哲学的进步提供了坚实的土壤。任何一个哲学理论的发展都离不开它所处时代的生产力以及自然科学状况的扶持，可以说，哲学是建立在一定时代的科学基础之上的。因此，形而上学的哲学理论也是与当时的社会生产力以及自然科学的发展状况相关的。

人类的认识总是先从特殊的个体事物开始的，通过了解此物的当下特征，然后推断出此类事物的一般发展规律。就好像是科学研究中的样本，科学家们通过对样本的研究抽象概括出这类事物的普遍特征。旧的形而上学的研究方法正是抽取样本这一步，它将非生物和生物当作既成的事物来研究，将要研究的具体事物从整个大环境中抽取出来，单独地做纵向观察。因此，恩格斯介绍说，这样的研究方法是人类认识史上的必经阶段，同时，这也是社会生产以及自然科学发展不够完善的结果。

近代的自然科学自 15 世纪开始出现了缓慢的发展，而在 18 世纪之前，这样的发展都是以收集材料、研究孤立样本为主的。经过 300 多年的发展，只有力学已经发展到了较高的程度；数学只是逐渐发展出了门类齐全的体系；而化学才刚刚脱离中世纪炼金术的狂热状态，处于起步阶段；生物学依然处于材料收集阶段，其中动物学与植物学也只是刚刚分裂为两个独立的体系。因此，除了力学与数学，其他科学的发展还很不健全，人类凭借已经获得的知识还不足以发现世界万物的联系，不足以形成一个统一、发展的自然观，各个学科之间仍是各自孤立、单独的体系罢了。那一个时期内的自然学家或者科学家大都也是哲学家，因此，这样抽象、孤立的研究方法也就不可避免地应用到了哲学上面，我们看机械唯物主义将重心倾向于力学体系也就不足为奇了。

到了 18 世纪之后以至 19 世纪，自然科学已经有了长足的发展，人类收集的各方面、各学科的材料也越来越多，由是，科学发展终于进入了第二个阶段——整理、概括材料阶段。由于 18 世纪以来康德等人对宇宙生成学说的关注，地球的生成与发展过程提到了科学研究的日程上来，由此打破了事物是孤立的、历史是断裂的形而上学思维，也为哲学领域中的形而上学体系敲响了丧钟。尽管在 19 世纪相当长的一段时间里，形而上学依然占据着主导地位，指导着人们的生活实践，但是它的末日已经不远了。

18 世纪后期，欧洲主要的资本主义国家相继进行了产业革命，工场手工业被机器大工业所取代，因此，生产的进一步扩大为自然科学的发展提出了更高的要求，也提供了更多的资金、技术支持。随着古生物学、解剖学的发展和显微镜的应用，研究动植物机体的生理学建立了分门别类的科学体系，其中的比较解剖学和比较胚胎学等学科通过研究、比较、归纳，提出不同生物物种之间存在联系，对不用物种的分类不能根据表面的形态，而应该依据其内部结构。同时比较解剖学也提出同源结构和同功结构的概念，揭示了动物之间可能存在的亲缘关系，为达尔文的进化论提供了理论条件。胚胎学的研究发现人类与猿猴的胚胎都有脐带，揭示了人类与猿猴拥有共同的祖先，这就从科学理论的角度说明了人类与动物的内在联系。地质学提出了地球的缓慢发展学说，认为地球的发展不是由超自然的力量造成的，而是其自身经过不断的变化发展形成的。而在不同地层中发现的不同生物化石，则说明世界上的一切生物不是同时出现的，而是在历史发展的过程中相继形成的。这些自然科学的发展，表明自然科学已经超过了收集材料的阶段而进入整理、分析、归纳的阶段。自然科学上研究方法的改变也促使了哲学思维方式的改变，孤立、静止研究问题的形而上学方式已经过时，辩证的思维方式才能促进科学与哲学的进一步发展。

　　在这个种类繁多、百花齐放的自然科学大爆炸的时代，恩格斯提出，推动 19 世纪的自然科学研究迈出决定性一步的，还要归功于三大发现。

　　第一个发现就是细胞学说的提出。18 世纪 30 年代，科学家们提出细胞是动植物的基本单位，一切动植物都是由细胞的分裂和分化发育起来的。这说明一切的生物拥有共同的物质基础，不管是植物，还是动物，或者是人，无一例外都是由细胞构成的。我们人类不管在思想上自认比一棵树高级多少，内部的基本结构单位还是与树相同的。这样，一切生物都存在着内在的联系，一切生物都分享着共同的生长规律，他们都是通过细胞的分裂、分化生长起来的。而且，通过现存生物的不同种类与层级，我们可以了解到细胞通过变异完成更高的进化。这样生物普遍联系、发展的科学为唯物主义的创立奠定了基础。

　　第二个发现是能量守恒学说的提出。19 世纪，随着工业的发展，能量的守恒与转化问题受到越来越多的关注。德国人迈尔最先在普遍形式上确定了这一定律，随后赫尔姆霍兹也用数学计算证明了力的守恒问题。它说明各种能量在一定的条件下可以相互转化，能量既不能被消灭，也不能被生产，它的来源就是各种能量之间的转换。机械能、化学能、热能、电能、光能等等，虽然表现的形式千差万别，但是彼此之间却是可以相互转化的，这表明了物质运动的多样性，也展现出自然界是一个无限发展的运动过程。这个学说将原本各不相干的几个学科联系了起来，它不仅是物理学意义的革命，而且也为哲学的客观辩证法提供了依据。

　　最后一个发现，是达尔文的生物进化思想。早在 19 世纪初期，德国人拉马克就提出了生物进化的理论，但是这个理论既不完整，也不系统。50 年代后期，达尔文全面而系统地阐述了生物进化理论。首先他用大量的事例证明了现代生物，包括人类在内，都拥有共同的起源，这个起源就是细胞，而细胞的源头是无机物产生的原生质或蛋白质。因此，它将人——这个现存世界中最高级的存在物——与动植物、甚至是最低等的原始动物都归结到了一条发展脉络上。至于共同的祖先为什么会繁衍出等级各不相同的存在物，达尔文认为这是自然选择与生物斗争的结果。细胞具有变异的能力，在共同的环境影响下，能够适应的生物就存活下来，不能适应的就消失了，存活下来的生物通过变异，进化为更高级、更适合生活环境的物种。因此，这样的进化论说明了整个世界都是处在由低级向高级发展的过程中，所有的生物都处在一个相互联系的关系网之中，整个世界是一个发展的而又统一的整体。这给推崇神创论的神学体系以有力的打击，也给坚持思维、精神的原生性的唯心主义体系以重创。

19 世纪以来的科学成就，尤其是三大发现，为恩格斯与马克思的唯物辩证法提供了有力的支持，证明了唯物辩证法的科学性以及客观性。同时，它也成功地使自然科学与哲学分离，形成两个独立的部分——"我们现在不仅能够说明自然界中各个领域内的过程之间的联系，而且总的说来也能说明各个领域之间的联系了，这样，我们就能够依靠经验自然科学本身所提供的事实，以近乎系统的形式描绘出一幅自然界联系的清晰图画。描绘这样一幅总的图画，在以前是所谓自然哲学的任务……自然哲学就最终被排除了。任何使它复活的企图不仅是多余的，而且是倒退"[1]。

---

[1]　恩格斯：《路德维希·费尔巴哈和德国古典哲学的终结》。《马克思恩格斯选集》第四卷，第 246 页。

自然哲学就是自然领域的一切知识学科，在辩证唯物主义产生之前，哲学的任务就是对整个自然界进行解释、说明，这个解释的体系就是自然哲学，哲学就成为了科学的科学，因此它涵盖了一切科学学科。黑格尔的唯心主义哲学体系就是辩证哲学与自然哲学的统一，他的自然哲学就是绝对精神在外化为自然界后的发展过程，其中充满了主观的想象与荒唐的见解，比如在说明潮汐规律时，黑格尔称这是月亮想要飞到地球上以解除干渴。因此，在这种自然哲学中，哲学家不是从具体的现实出发，而是从思想出发。当然，这与当时科学发展状况是分不开的，哲学家们没有足够的科学材料，只能借助于自以为天才的头脑了。

在 19 世纪，三大发现引领各门学科体系突飞猛进，联系、发展的思维模式逐渐深入人心，当人们能够科学地把握辩证思维的时候，主观臆断、幻想的思维方式便宣告终结了，科学反映自然发展的理论便建立起来了，一幅相对完满的、清晰的世界图画就成功绘制出来了。自然科学已经逐渐成长为体系健全、学科门类繁多的独立个体，它不需要依托在哲学这个母亲身旁了。唯物辩证法的确立，标志着旧的形而上学的自然哲学体系的消解以及独立的自然科学体系的确立。恩格斯结合自然科学的成果，揭示了自然界的辩证发展过程，这不仅是为了分析马克思主义哲学在自然科学方面的基础，更是为了强调唯物辩证法在自然界中的具体展现，也就是恩格斯所谓的自然辩证法。这说明了马克思主义是关于自然与历史发展的统一的科学理论。

2. 对黑格尔哲学的扬弃

马克思主义哲学产生于黑格尔哲学的解体过程中，黑格尔哲学乃是德国古典哲学的最高峰，它其中的辩证法揭示了自然界与社会发展的联系及规律，但是它的体系化又禁锢了辩证法的健康发展，使得黑格尔的辩证法变成了被困在唯心主义大厦之内的一棵小树苗，它没有得到充足的养料，因而发育得并不完满，而且，它长错了地方。在黑格尔之后，他的弟子们都争前恐后地表示，他们都已经在体系与方法上超过了老师黑格尔，但是恩格斯对此说法，只是淡淡一笑：你们这些扬言已经超越了黑格尔的知识分子，根本没有离开黑格尔划出的哲学领地，，你们所代表的都只是黑格尔哲学的分支罢了。

第一点，施特劳斯、鲍威尔、施蒂纳等人都对黑格尔体系进行过批判，但是他们提出问题以及看待问题的角度都继承自黑格尔，没有丝毫的改变。不论是他们提出的问题，还是他们对问题的回答，都蕴含着一丝神秘主义的意味。恩格斯与马克思对此评论过：不论是他们对黑格尔的批判，还是他们相互之间的争论，都只限于每一个人抓住黑格尔哲学中的某一个方面来反对黑格尔整个哲学体系，或者是来反对这个体系中的另一个方面。他们从来就没有想过要跳出黑格尔哲学的这个圈子，要用别人的方法、原则来批判黑格尔。

第二点，在他们的相互攻讦中，使用的论据还是黑格尔本身的东西，就连他们提出的概念也是从黑格尔那里直接吸取过来的。而且，从实际内容上看，他们所追问或谈论的大都是些细枝末节的东西，对黑格尔哲学的本质并没有产生太大的触动。

第三点，他们都站在黑格尔思辨哲学的体系内，没有人想要跳出去，看一看体系外的风景。因此他们所做的工作就是用一种别人没有提过的方式来代替黑格尔已经提到的东西。黑格尔说世界的本原是绝对精神，绝对精神是有绝对的统治权力的，青年黑格尔派就说，宗教、普遍的概念统治世界。他们这样换汤不换药的做法对于德国社会现实的发展没有丝毫的帮助，他们仅仅在哲学理论上宣扬反对现实世界的种种束缚，却从来没有在现实中展开行动。正如马克思形容的，之前的一切哲学家只知道解释世界，可是就算是解释世界，他们也并没有达到应有的高度。

第四点，他们对宗教的批判也是不彻底的。事实上，青年黑格尔派对德国古典哲学的批判只局限在宗教批判上。因为在当时的德国社会中，政治领域是一个荆棘丛生的领域，稍微一点反动的行为就有可能遭到封建势力的迫害。因此，哲学家们将着力点放在宗教上也是理所当然的。施特劳斯与鲍威尔等人对宗教批判虽然是取得一定积极成效的，但是却并没有真正打击到基督教的根基。

在 1835 年，施特劳斯写了《耶稣传》，促进了青年黑格尔运动的兴起。在书中，他将耶稣还原为人，并且是一个没有神奇之处、创立了一个教派的普通人，从而就消解了耶稣的神性。因为这告诉普通民众们，经过一番细致的考察，我们无所不在、无所不知的上帝之子原来只是一个普通人啊，上帝只是他为了成立自己的教派而虚构出来的。但是施特劳斯这种积极的态度并没有持续下来，在《教义学》出版之后，施特劳斯就再也没有写出有创意的作品。接近晚年的时候，施特劳斯对于宗教的感情也有了变化，他的作品变得类似于法国基督教史学家勒南的教会小说，勒南的著作中存在大量的新约故事和传说，但是其真实程度与历史相差甚远。施特劳斯后期的著作就是如此，他运用了大量美文学的笔调，重新回到了神学的领地，赞美宗教的存在价值，而这个举动遭到了尼采等人的批判。

鲍威尔是从老年黑格尔派转到青年黑格尔派的阵地上来的，他通过考证《福音书》，提出福音故事都是个人意识的结果，是个人为了某种目的而进行的有意识的杜撰。这样的结果也在一定程度上消解了基督神学的权威地位，消解了一般教众对宗教故事的盲目迷信，加强了人对自我意识的认同。但是鲍威尔除了在基督教的起源方面进行一番考察，并没有在其他方面做出实质性的贡献，他没能揭示基督教对人类压迫的原因，也没有提出要彻底消灭宗教的口号。更不用提施蒂纳了，施蒂纳"亵渎"了黑格尔的绝对精神，发展出了"唯一者"的理论，从客观唯心主义一脉直接转向了主观唯心主义。这个理论尽管在后来被法国的蒲鲁东以及俄国的巴枯宁吸收发展为"无政府主义"，也依然改变不了施蒂纳的"怪物"形象。

在青年黑格尔派中，只有曾经加入，后来又退出的费尔巴哈是个真正杰出的哲学家，他在自然观上确立了唯物主义的理念，并且真正对基督教进行了深刻的批判。但是，费尔巴哈虽然比施特劳斯、鲍威尔等人进步得多，他依然被禁锢在黑格尔强大的体系内部。

首先，费尔巴哈继承了以往一切哲学家的传统——将哲学建设为一个包容一切、凌驾一切的宏伟体系。以往的哲学家认为哲学就是科学之科学，它包含了应该包含的一切科学的绝对真理。费尔巴哈也试图建立一个这样的体系，因为这样科学的哲学体系是神圣而不可侵犯的。若是在17、18世纪之前，科学尚处于不完善的境况下，它被包含在哲学体系之中还是情有可原的。但是在19世纪，物理学、化学、生物学等等都已经形成了完整的体系，仍然将科学作为哲学的小小分支来看，这是不符合科学规律的，不仅会阻碍科学的发展，也会妨碍哲学体系的进一步完善。

其次，费尔巴哈虽然在自然观上坚持唯物主义，但是在社会历史领域中，他始终坚持发展抽象的人，避免谈及社会实践，避免跟社会活动产生丝毫的联系。因此，在社会历史领域，他仍然是一个地地道道的唯心主义者。

再次，在他发现黑格尔的唯心主义本质时，没有对其整个哲学体系采取批判继承的态度，而是整个地囫囵丢在一边，这是盲目而片面的做法。按照辩证唯物主义的要求，哲学家对待一切知识、理论都要采取批判继承的态度。任何一件事物都具有两面性，知识也不例外，对待知识，我们应该深入理解，吸收其中的有益成分，摒弃糟粕的部分，这才是一个知识分子应有的态度。费尔巴哈没有看到黑格尔辩证法的精彩之处，他本人又没有能力创造出更好的、更有力的知识理念，导致了他的唯物主义缺乏实质内涵，整个理论体系苍白无力。因此，恩格斯评论他的理论时说，与黑格尔百科全书式的丰富内容相比，费尔巴哈的体系除了老生常谈的爱意和无力的道德观念，没有什么其他积极的成分了。

随着历史的发展以及各种理论的丰富，总会出现一种理论形态真正顺应了时代发展的趋势，这就是恩格斯与马克思所创建的马克思主义哲学。当然，这并不是说，马克思主义哲学的诞生就是不可逆转的必然结果，恩格斯与马克思本人不需要做任何努力，只要静待时机即可。事实上，没有深厚的理论基础和对所有理论兼容并包的开阔胸襟、以及恩格斯与马克思二人的通力合作，马克思主义科学理论是不可能顺利诞生的。恩格斯自豪地称，这是在黑格尔哲学的解体过程中出现的唯一开花结果的学派！同时，他也十分谦虚地澄清："我不能否认，我和马克思共同工作40年，在这以前和这个期间，我在一定程度上独立地参与了这一理论的创立，特别是对这一理论的阐发。但是，绝大部分基本指导思想（特别是在经济和历史领域内），尤其是对这些指导思想的最后的明确的表述，都是属于马克思的。我所能提供的，马克思没有我也能够做到，至多有几个专门的领域除外。至于马克思所做到的，我却做不到……马克思是天才，我们至多是能手。没有马克思，我们的理论远不会是现在这个样子。所以，这个理论用他的名字命名是理所当然的"①。从这里，我们可以品味出恩格斯无比高尚的人格，马克思固然是一个天才式的人物，但是没有恩格斯的物质与技术支持，他很难成功创立这个科学理论。我们应该了解，虽然这个理论是以马克思的名字命名的，但是这是他们二人的智慧的结晶，这是不容否认的。

　　恩格斯表示，科学的唯物主义的建立正是表明与黑格尔哲学的分离，在这个时期，恩格斯与马克思受到了费尔巴哈的唯物主义的影响，因此从黑格尔的唯心主义进入到了唯物主义的阵营中。当然，这个唯物主义并不是旧的、机械的唯物主义，而是彻底的唯物主义，它与以往哲学的区别就在于：

　　其一，人们在理解自然界和历史时不去进行先入为主式的唯心主义怪想，而是按照它本身在人们面前所呈现的那样去理解。这就是说，世界是客观自在的，我们理解这个客观的世界就不能提前在脑海中添加任何主观的想象。在黑格尔那里，因为他将绝对精神看作唯一的主宰，因此自然界与人类社会就是按照绝对精神的命令来展现的。通俗说来，就是人类的意识是如何设计的，那么自然与社会就是如何运作的。这在马克思看来，完全是本末倒置的。人的意识是存在的反映，社会意识则是社会存在的反映，人会如此这般思考，是因为自然与社会就是如此这般展现的，人类的观念、概念不外是人脑对反映到其中的物质的加工再造而已。因此，马克思的唯物主义是将物质事实作为理论的出发点，将理论看作是物质世界在

---

　　① 恩格斯：《路德维希·费尔巴哈和德国古典哲学的终结》。《马克思恩格斯选集》第四卷，第242页脚注。

人脑中的反映，这是马克思主义与黑格尔哲学相区别的关键所在。

其二，事物永远处在发展与联系之中。物质世界是一个发展、运动的整体，其内部的各个事物无不处于相互联系之中。旧的唯物主义由于自身的机械性，不可能以联系、发展的眼光看问题，在他们的理解中，历史发展只是一个一个孤立的点而已，相互之间并没有必然的关联性。马克思主义哲学提出要用发展、联系的眼光看问题，这是对黑格尔辩证法的继承与发展，是对旧唯物主义的超越。

其三，唯物主义的观念不仅要应用在自然领域，也应该应用到社会历史领域中，不仅要运用于自然科学之上，也应运用于社会科学之上。费尔巴哈正是因为脱离了社会现实，拒绝社会历史的唯物主义本性，因而没有发现人类社会的内在联系，永远停留在了唯心主义的历史观上。在恩格斯与马克思看来，自然界具有客观的发展规律，人类社会同样具有客观规律，二者的规律是高度同一的。因此，二人不仅发展了费尔巴哈的自然唯物主义，也创造性地提出了历史唯物主义的理论概念。科学的唯物主义原则应该适用于一切知识领域，历史唯物主义可以将关于社会的知识变为真正的科学，从而结束唯心主义长期的统治地位，促进人类社会的根本变革。自然唯物主义与历史唯物主义的创立，标志着科学马克思主义的诞生。

恩格斯与马克思所谓的与黑格尔哲学的分离，并不是简单地将它放置在一边，不去理睬。相反地，恩格斯与马克思将其中的辩证法的部分继承了过来，这也能够证明每一个时代的哲学都是由曾经的先驱者建立、发展，后来者以此为前提并继续走下去的。恩格斯与马克思没有像前辈费尔巴哈那般，将黑格尔哲学完全抛弃，而是在其辩证法的基础上，建构了整个的唯物主义科学体系。他们明智而且心胸开阔，称黑格尔的辩证法是德国古典哲学中最全面、最富有内涵、也最深刻的学说；同时，他们也非常自信，称黑格尔的辩证方法在他的唯心主义框架下是没有任何作用的，而他们二人，是将其从唯心主义框架下解救出来的先驱者和领导者。

为什么说辩证法在黑格尔那里是无用的东西呢？

第一，黑格尔将辩证法的理念应用于概念的自我发展上。在黑格尔那里，世界是怎样形成的呢？是由于绝对精神的自我运动形成的（而绝对精神具体是什么东西，它存在于何处，我们并不了解，就连黑格尔本人也不能论证清楚），绝对精神首先自己运动、分裂，就像细胞的分裂那样，逐渐产生了许多概念，随着这些概念的运动、外化，才产生了自然界。可是在自然界中，绝对精神丧失了对自我的认识，直到人类的产生，丧失的绝对精神开始了复归运动，通过宗教、哲学等手段，绝对精神在人类的意识中得到了统一。因此，现实世界的发展就是提前存在于某个地方的观念的现实化运动，我们问某物为什么是这样的，黑格尔会回答说，因为有一个先天的意识，这个意识要求这个事物就应该是这样的。因此，本来应该表现事物由简单向复杂发展的客观规律的辩证法被黑格尔描述成了意识先天运动的本能，就是说本来应该是起决定作用的物质因素成为了被决定物，本来是反映客观事物情状的人的意识被当作了万能的创造者。恩格斯与马克思评价说，黑格尔这是将思维与存在的关系颠倒过来进行理解，用一种神秘的东西取代了现实生活中的真正决策者——物质实体，这根本就是一种本末置的辩证法。

第二，黑格尔的辩证法因为他的唯心主义体系框架的要求，承认发展有最终结果。可是按照客观辩证法的观点，自然界与社会历史都处于永远发展的模式中，发展是永无止境的。但是要构建一个完整的哲学体系，这个哲学需要有一个起点和一个终点，这是哲学的一贯风格，因此黑格尔的绝对精神的发展进程就被定义为一个首尾相接的完美体系。在这里，绝对精神通过逻辑学的推演，实现了由低级到高级、由简单到复杂的全过程，最终到达了黑格尔的哲学这个绝对的真理，黑格尔的哲学实现了绝对精神与个人意识的高度统一，完成了哲学上的使命，也规划出了历史发展的终结点。因此可以看出，黑格尔的辩证法只是为他的真理体系服务，为他伟大的哲学追求服务的，为了整个哲学的完整性和绝对性，辩证法不可能成为一种彻底的科学方法。

恩格斯与马克思在揭露了黑格尔辩证法的实质后，对这个神秘的辩证法进行了改造。首先他们要将这种意识形态上的颠倒消除掉，将辩证法从唯心主义的束缚中解放出来，安插到唯物主义的思想基础上。恩格斯说，这样的工作并不容易，因为黑格尔作为19世纪德国著名的哲学家、思想家，他的理论从来没有被驳倒过，任何一位企图批判这位辩证法大家的人从来没有成功地在他的哲学大厦上打开缺口。即使费尔巴哈成功地破除了他的唯心主义的魔法，却也没有真正远离那座大厦，没有将唯物主义贯彻到底。幸运的是，恩格斯与马克思做到了。

首先，他们将人类的意识看作是现实事物的客观反映，将在黑格尔那里属于意识的第一性交还给客观物质。这就是说，根本没有什么先天存在的绝对精神，人类的意识是在有了自然界等物质存在之后才产生的，人类的意识没有决定性的地位，因为是自然界这样的客观存在决定着意识内容的。一座山，即使没有人意识到它的存在，它也依然是存在的，即使没有人创造出"山"这个概念，它依然是存在的。因此，马克思提及他的辩证法时说过，这个辩证法从根本上说，不仅跟黑格尔的是不同的，而且是和它完全相反的。黑格尔将思维的过程推到了现实的造物主的高度，而马克思的辩证法恰恰是颠倒过来的，人类的思维不外是移入人脑并且被人脑改造过的物质东西而已。

关于"颠倒"一词，不免有人会认为，恩格斯与马克思对黑格尔辩证法所做的颠倒，不外乎是用"物质"这个词语去替换那个被叫作"绝对精神"的词语，这不过是一种术语上的变化罢了。类似的理解在现代社会中并不少见，但是这样的理解方式与学习态度却是我们要坚决避免的。从表面上看来，恩格斯与马克思只是将黑格尔辩证法中思维与存在的位置进行了调换，但是，这背后隐藏的却是整个理解世界的方式的转变。在黑格尔那里，客观的世界就是一些事物的集合，受意识的支配，彼此之间没有什么关联。而经过颠倒后，在恩格斯与马克思这里，客观世界就是一个自在、自为的发展过程。概念的辩证法只是客观事实的反映，人类的意识与观念虽然具有独立思维的能力，但仍然是受客观世界支配的。因此，随着客观物质世界的发展，对真理探求也只是一个发展变化的过程。因此，我们看待事物，对待知识，不能停留在表面的词句上，应该透过词语去理解知识的真正内涵。

其次，他们将辩证法归结为外部世界和人类思维运动共同具有的规律。在黑格尔那里，辩证法是为绝对精神的发展服务的，但是经过恩格斯与马克思的改造与发展，辩证法变成了表示自然界、人类社会以及人类思维发展的客观规律。虽然在自然界中，事物的发展规律看上去是不自觉地、不受人类控制并且充满偶然性的，而在人类的思维中，人类可以用逻辑的方式对辩证法加以应用。但是恩格斯与马克思声称它们在本质上是同一的，自然界与人类社会中的辩证法都是对客观事实的反映。自然界中各种状况的发展虽然充满了偶然性与意外，但是它发展的总体趋势却并不会因为偶然性而改变；人类的思维虽然可以运用辩证法，但是人类社会的发展在人类还没有意识到的时候就已经自在地进行了，它并没有因为人类的思维的干涉而止步或改变方向。

在这里要说明一点：恩格斯虽然批判了黑格尔的概念辩证法，但是却没有对它进行全盘的否定。事实上，恩格斯总结出了唯物辩证法的两种形式：一种就是概念辩证法，也就是主观辩证法；一种是客观辩证法。客观辩证法就是整个自然界发展的客观规律，而主观辩证法，就是人类对客观规律的思维与总结。客观辩证法不受人类支配，在人类产生支配的意识之前，自然界就已经是那样的了，即使是在人类掌握了技术手段对其进行改造的过程中，自然界总的发展方向依然没有改变；人类社会亦是如此，社会历史的发展规律在人类主动干预之前就已经自发地运作，即使人类通过实践对它进行引导，它的客观性也依然没有改变。

这样或许有一点宿命论的意味，不论人类是否对自然界以及人类社会进行干预，它们的步调都不会因此改变，那么人类何苦浪费精力探究知识，探究自然的奥秘呢？在这里，恩格斯与马克思提出，事物的运动并不是绝对的，而是绝对与相对的统一。自然与社会并不是每天都在变换之中，而是有一段相对稳定的时期；它们发展的道路也不是一马平川的，其中也会遇到阻碍与波折。这时，就需要人类的主观能动性发挥作用了。人类通过掌握主观辩证法，了解了自然与社会历史发展的客观规律，这样人类就对自然与社会有了清醒的认识，没有了茫然与无力感，自然就可以为社会生活创造更好的条件。因此，主观辩证法就是客观辩证法在人脑中的反映，二者虽然在表现形式上有所不同，但本质上确是同一的。随着自然与社会的不断发展，人类认识自然与社会的道路也是永无止境的，每当你认为自己穷尽了知识，发现了最完美的真理的时候，这个世界总会给你带来更新的困惑。要求一个哲学家完成对世界的所有认识，这实际是要求一个哲学家完成所有人类在历史的发展中才能完成的事情，这根本就是不符合辩证法的异想天开。

从创立了唯物辩证法到恩格斯开始写作《费尔巴哈论》，其间已经过去了 40 多年，老友马克思也已经与世长辞了，但是辩证唯物主义的理论却越来越受到无产阶级革命者的重视，这已经成为了无产阶级认识世界、指导革命的最好的武器。恩格斯说，马克思能够发现唯物史观和剩余价值这两个重要理论，完全有赖于辩证法的支撑，唯物辩证法是他们从事理论活动最有用的工具。而且，这个方法的发现并不是偶然的，它是历史发展的必然要求，德国无产阶级的代表约瑟夫·狄慈根就是最好的证明。狄慈根是德国的制革工人，他没有完成中学的教育，没有接受黑格尔理论的熏陶，他完全凭借着自学以及费尔巴哈的理论引导，独立提出了唯物辩证法的相关见解，甚至"辩证唯物主义"这个术语也是狄慈根最先提出的。他的辩证唯物主义哲学中涉及到了物质的第一性、运动、矛盾、联系等概念，坚决捍卫了唯物主义的阵地。由此可见，辩证唯物主义的出现顺应了社会发展的客观要求，是符合社会发展一般规律的科学方法体系。

第二节　唯物论与辩证法的结合

恩格斯与马克思通过颠倒与修正，摆脱了唯心主义的束缚，恢复了黑格尔辩证法的革命本性，因此创立了真正科学的辩证法——唯物辩证法。这个科学的辩证法的基本思想就是——"认为世界不是既成事物的集合体，而是过程的集合体，其中各个似乎稳定的事物同它们在我们头脑中的思想映像即概念一样都处在生成和灭亡的不断变化中，在这种变化中，尽管有种种表面的偶然性，尽管有种种暂时的倒退，前进的发展终究会实现。"①

这段话主要有3层内涵：

首先，世界是过程的集合，一切事物都处在永恒的发展之中，任何事物都逃脱不了生成与灭亡的命运。新事物代替旧事物是必然的发展趋势。在当时德国社会的混乱形式下，恩格斯与马克思就算受到迫害，受到驱逐，依然没有放弃马克思主义的创建工作，依然没有向国家的反对势力妥协。因为他们知道，陈旧的、腐朽的事物终将迎来它们的灭亡之日，当下的疯狂报复不过是旧势力的苟延残喘罢了。每一个事物都在发展、变化之中，每个人也不例外，都在成长与衰老之中，没有必要伤古感今，我们需要做的，就是把握当下的时间，尽力去做有意义的事。

其次，每个事物在发展的过程中都会有相对稳定的时期，这些事物在我们头脑当中的映像因而也是相对稳定的。但是稳定永远都是相对的，只有发展才是绝对的。就像窗外的那一棵树，我们平常不经意地一瞥，并不能发现它有多大的变化，但是如果我们架设一台摄像机，记录下它每天的成长景象，用低速摄影技术去看，就可以欣赏到这颗树的生长、繁荣与枯萎，因此，并不是没有发展，没有变化，只是有些事物的发展、变化相对缓慢罢了。当事物处在相

①　恩格斯：《路德维希·费尔巴哈和德国古典哲学的终结》。《马克思恩格斯选集》第四卷，第244页。

对稳定、静止的状态时，这表明事物处于量的积累阶段，当量的累积达到了某些限度，就会引起事物质的变革。我国古代的哲人们很早就明白了这个道理，不积跬步，无以至千里；不积小流，无以成江海，荀子的这句名言就是很好的例证。因此，随着社会的变化发展，我们的思维与意识也需要不断的发展、创新，不能因为暂时的安逸与稳定，就放弃对客观知识的追求。当今的社会是一个飞速发展的社会，如果我们不能紧紧跟上时代的步伐，那么，时代与社会就会弃我们而去。同时，在寻求大变革、大发展的时候，我们不能忽视对小细节的把握，没有什么事情是可以一蹴而就的，只有从小处着手，走好每一步，才能实现大跨越。

再次，虽然一切事物的发展趋势都是前进的、上升的，但是阻碍与倒退也是不可避免的，这就是偶然性因素的影响。偶然性的因素在自然界的发展中、在人类历史的发展中时时存在，有时偶然性的因素会造成某种事物或状态的上升，也有可能引起倒退，但倒退是短暂的、相对的，上升、前进则是绝对与必然的。偶然性与必然性本来就是辩证法中一对相互对立又相互转化的概念，偶然性本身就寓于必然性之中，表面上看，历史上大多数的变革都是偶然性引起的，但是偶然性最终还是受必然性的支配的。

接下来，我们对必然性与偶然性及其关系做一个简单的论述。

必然性是指事物的发展过程中不能避免的方向、趋势，是由事物内部的本质原因规定的；偶然性是指在事物的发展过程中可能会出现的情况，是由外部条件引起的。偶然性的因素往往会影响事物本来既定的发展，虽然不会大方向的改动，但是却可能会加快事物发展的进程，也可能阻碍事物的发展，因此我们需要及时把握偶然性，发现有利的因素，避免不利的影响。

　　历史经验通常可以帮助我们预测可能发生的情况，避免偶然性的干扰。比如某人想要外出旅行，他提前买好了车票以及必要的旅行用品，并且通过查询，已经确定了旅行目的地的天气良好。但是在出行之前，根据以往的经验，此人联想到天气可能多变，万一下雨了，而身边没有雨具，到时候就会变得措手不及，而且如果天气变化，很可能会引起身体不适。因此，他又准备了雨具以及感冒药。从这个例子看来，出行的车票、必备的用品等都是必须的准备；但是关于天气情况以及个人的身体情况，是很容易受到外部环境的影响的。下雨、感冒等情况都是可能发生，但又不一定会发生的。这就是结合个人之前的经验避免偶然性状况的出现，但是这样的预见是需要经验的，比如在塞翁失马的例子中，经验是起不了太大作用的。

　　塞翁在没有预兆的情况下丢了马，他没有沮丧。后来他的马带领着胡马回家，他也没欣喜若狂。儿子偶然坠马，他并未伤心不已。后来胡人入侵，儿子因为残疾逃过了征兵上阵的命运。由此可见，必然性总是与偶然性联系在一起的，而偶然性对事物的影响并不是只有消极的一面，正如矛盾的双方是可以相互转化的那样，消极的影响也有可能变为有利的一面。因此即使不能对偶然性进行预测，也不要主观地否定偶然性，将它一棍子打死，保持平常、乐观的心态，运用理智的手段去理解、化解偶然性因素的影响，才是最好的应对方式。

　　"口头上承认这个思想是一回事，实际上把这个思想分别运用于每一个研究领域，又是一回事。如果人们在研究工作中始终从这个观点出发，那么关于最终解决和永恒真理的要求就永远不会提出了；人们就始终会意识到他们所获得的一切知识必然具有的局限性，意识到他们在获得知识时所处的环境对这些知识的制约性；人们对于还在不断流行的旧形而上学所不能克服的对立，即真理和谬误、善和恶、同一和差别、必然和偶然之间的对立也不再敬畏了。"① ——

　　这样的观点在我们当代社会也已经是普遍认同的原则了，光说不练假把式，口头承认的思想没有任何实际意义，必须要将辩证的思想应用于每一个研究领域。黑格尔之后，辩证的方法已经被大部分人接受，至少他们在公开场合没有公开地反对过，但是接受并不代表实际应用。事实上，在当时的社会中，形而上学的思维模式依然束缚着人们的手脚；德国政府的反动统治依然坚守着阶级统治的必然与永恒；科学家们在自然科学上的探索方法依然是简单、孤立的。因此，恩格斯指出，坚持唯物辩证法就必须使研究与具体实践结合起来，一切理论研究都要从唯物辩证的观点出发，这样的理论研究方法，具有重大的实践意义：

　　首先，以唯物主义的角度，从客观事物的发展来看，其发展进程是永无止境的，人类的思维与意识作为对客观事物的理解，其内容自然也是无限的。更何况，我们的思维、意识在对客观事物进行理解、研究时，总要受到历史背景、社会环境、人类本人认识能力的限制，其理论成果必然带有一定的时代局限性，因此，综合上述原因，我们就知道不论哪一代人都不可能穷尽对整个自然界与历史社会的认识，不可能得出关于自然界与社会历史发展规律的绝对真理，而只能根据当下情势得到适合当下历史条件的相对真理。因此，从唯物辩证法的角度出发，可以明确绝对真理与相对真理的关系，可以使人们明白自身认识的界限，不再妄自尊大地企图建立永恒的

----

　　① 恩格斯：《路德维希·费尔巴哈和德国古典哲学的终结》。《马克思恩格斯选集》第四卷，第244页。

真理体系。

相对真理体现了人类获取知识的相对性，表明了人类的认识能力是有界限的，但这并不是妄自菲薄，否认了人类自身的能力或者是已得到知识的确定性。事实上，我们所处的时代发展到什么程度，我们对它的认识便达到什么程度，在这一历史时期内，汇集人们的智慧而得出的科学成果、规律总结是对人类知识发展的正确引导，在绝对真理的发展历史中，我们的相对知识总是无限地接近绝对真理的，就好像是双曲线无限靠近坐标轴，但是却永远达不到相交。波兰人哥白尼在地心说统治了千年之后，提出惊世骇俗的日心说。这个理论尽管在现在看来并不完善，甚至还有诸多谬误，但是日心说的思想直到现在也没有人可以否认，现代的科技都是在日心说的基础上，对宇宙进行更深入的探究，现代科学家对太阳系的探索正是对哥白尼等人理论的继承与发展！因此，在对待一切事物的认识方面，我们不能够过分自信，企图超越时代的局限握住整个宇宙的命脉，我们也无需过分谦恭自卑，因为我们如今一切舒适完美的生活都得益于对宇宙、对世界的探索发现成果，我们需要做的，就是抓住时代的脉搏，理性地走好每一步。

其次，根据唯物辩证法的理解，可以化解一切矛盾事物的绝对对立的观点。在旧形而上学的观点看来，一切矛盾的双方，如真理和谬误、善与恶、同一和差别，都是水火不相容的，是就是，不是就不是，除此之外，一切都是鬼话的理念根深蒂固。但是在唯物辩证法看来，现实情况并不是这样的。对立只是短暂的、相对的，一切矛盾的对立面都可以相互转化，它们是对立的统一。

何谓对立的统一呢？就拿真理与谬误来说，真理不是永恒的真理，谬误也不可能永远都是错误的。宇宙地心说自从古希腊人提出开始，就一直被世人奉为真理，大家都相信这是绝对正确的。但是到了16世纪，哥白尼的日心说推翻了这个所谓的真理。在当时，哥白尼因为对权威的挑战，被世人称为异端，他的理论也被认为是极端错误并且是大不敬的。只是随着科学的进步，日心说才被理论确证出来，地心说从此不复真理地位。因此，在事物的发展过程中，真理与谬误是可以相互转化的。善与恶的对立、前文已经提到过的必然性与偶然性的对立同样都是处于运动、变化之中的。而且，从另外一个角度来看，每个人都有自己独特的思想与评判标准，对一个人来说是善的、好的行为，对另一个人来说却不一定如此。现代西方人仍旧普遍信仰基督教，把它当作精神寄托，但是在我们无宗教信仰的人看来，这是无法理解的。因此，没有什么绝对的对与绝对的错，在对世界的认识研究中，我们要避免形而上学中所谓非此即彼的观点，用对立统一的观点看待矛盾双方。

第三节　唯物史观的创立

接下来的一部分是恩格斯论述的重点，就是关于历史唯物主义的问题。恩格斯曾在马克思墓前的讲话中提到过，马克思对人类有两大贡献：第一个，就是剩余价值理论的发现；另外一个，就是唯物史观的创立。为什么人们将唯物史观的理论看得如此重要呢？原因就在于恩格斯、马克思之前的所有哲学家，他们在解释社会历史状况的时候都是从头脑中臆想出发的，旧的历史哲学、法哲学和宗教哲学等等都是用头脑中想象的关系去代替自然界与社会中现实的联系，他们都是唯心主义的，而他们关于历史的理论也不过是他们所热衷的那些理想的实现过程罢了。在黑格尔那里，历史就是绝对精神表现自己、发展自己的过程，不同时代、不同民族、不同国家，都是绝对精神为了达到自我意识的统一而采取的手段。

黑格尔拒绝通过自然来研究历史，因为自然与历史是根本不同的东西，自然没有历史，它只是一个过程的循环反复。他的历史也是有条件的历史，并不是所有曾经出现过的事物都理所当然地成为历史的一部分，只有那些最后产生国家的民族才能被黑格尔承认为世界历史的组成部分。每个民族的产生都是为了完成它的使命，当它的使命完成之后，就会产生新的民族取代它，这就形成了历史的更迭。历史的发展与更迭并不是指人类的行为与实践，而是指人类思想的发展或者说人类意识的逐渐强大的过程。因为历史学家在研究历史的时候，他们研究的不是古人们做了什么，而是研究古人们想了些什么。因此，促使历史发展的是人类的意识和目的。人类社会与自然界最根本的不同就在于人类有意识、有目的，人类知道自己想要的是什么。马克思也说过，一个蜜蜂再高明，它也比不过一个蹩脚至极的建筑师，建筑师在房子建造之前，脑海中就描画好了房子的结构。动物靠的是本能，而人类凭借的是思维与意识。

因此，旧的史学家与哲学家都认为，人类社会的发展是由意识主导的，意识的一大特性就是主观性。这就是说每个人的意识都是不同的，每个人都有不同的目的，甚至一个人在不同的阶段他的想法与目的都是不一样的，这就造成了人类活动的不可预见性和偶然性，因此，整个人类的历史都是没有规律可言的，历史是由各种人类的偶然性活动组成的，它的发展方向与趋势根本不可能准确地预测出来。古代西方的历史学家曾言说，埃及艳后长得美丽非凡，并且颇有计谋，她利用美貌与智慧先后嫁给罗马当权者恺撒和安东尼，暂缓了埃及托勒密王朝覆灭的危险，并差点使罗马成为埃及的行省。后来的西方历史学家就说，如果她的鼻子短一点或者长一点，那么整个世界就会被改写了。因此，在那些旧的哲学家和历史学家看来，世界历史就是英雄的历史。

对此，恩格斯与马克思表示不赞同，研究社会历史的发展要如同研究自然一样，通过研究现实、客观的联系来发现隐藏在人类行动之后的规律性。社会历史具有规律性这是显而易见的，但是社会历史与自然界的规律有一点是不同的。在人类对自然施加影响之前，自然界的发展就是盲目的、没有意识的活动，这些活动只是动力相互作用的结果，没有什么是因为人类的预期而自觉发生的。比如金矿的形成，这不是为了达成人类需要首饰、需要金钱的意愿而形成的，它在人类发现之前就在那里了。因此自然界的规律很容易为人们发现。而社会历史的发展就是人的发展，其中充满了人类主观实践的痕迹。因此，这很容易造成思想上的错觉，认为历史的发展就是人类的思想、愿望等主观因素造成的。恩格斯指出，虽然人人都有自我意识，人人都有自己的目的与想法，但现实是，没有几个人期望的所有东西都能够实现。一方面是因为有时候人与人的想法和欲望是相冲突的，有人实现了愿望，当然就有人愿望落空，另一方面是人的愿望有时根本不切实际或不符合当下的现状。因此，虽然人的意识控制着人的活动，人类活动造成的偶然性会影响某些社会发展，但是在人类的意识背后还有更深刻的、隐藏的力量，引导社会发展，这就是社会发展内在的规律。唯物史观的任务就是透过表面现象，抓住对人类社会发展起支配作用的一般规律。

"无论历史的结局如何，人们总是通过每一个人追求他自己的、自觉预测的目的来创造他们的历史，而这许多按不同方向活动的愿望及其对外部世界的各种各样作用的合力，就是历史。"① ——

这段话看上去很复杂，大意就是说每个人都有自己的愿望，世界上那么多人，很可能会有一个与此相反的愿望来妨碍自己，如果两个愿望发生了冲突，那么这两个愿望便相互抵消了。真正起作用的不是一两个人的愿望，而是所有的愿望都累积到一起，融合为一个平均数，形成总的**合力**，历史就是受这个合力的影响。合力并不是各种欲望产生力量的简单加减，而是各种力量相互冲突、相互抵消、结合的结果。这时，单个人的意志或愿望并不是归于零了，而是每个人的意志都对这个合力产生影响，有的愿望对合力的发展有促进作用，有的愿望则会产生相反的阻碍作用。因此，在恩格斯看来，人类的历史不是英雄的历史，不是功绩的堆积，是一切冲突和斗争的总的结果，是所有人在个人意志支配下进行有目的的社会实践的总和。

恩格斯的历史合力概念虽然涉及到了数学上的理念，但它并非是玄之又玄的东西，我们可以通过历史上的事例来帮助理解。1911年中国历史上记载了两次大规模的起义运动，一次是黄花岗起义，另一次是武昌起义。两次起义时间仿佛，革命内容相似，都是有组织、有计划的反清革命，但是黄花岗起义失败了，而几个月后爆发的武昌起义却成功了。这就是历史合力的影响，在黄花岗起义时期，当时的社会条件并没有完全满足起义的需要，一些大商人与贵族仍然支持清政府的统治，因此，反清政府的愿望所产生的合力还不足以将其完全推翻，而在武昌起义之前，清政府接连触碰了国内立宪

---

① 恩格斯：《路德维希·费尔巴哈和德国古典哲学的终结》。《马克思恩格斯选集》第四卷，第248页。

派和大商人的原则和利益，造成二者对清政府的绝望与背离，失去了有力扶持的清政府因此在起义军官的枪声中土崩瓦解。

个人的意志只能看作是合力中的一个组成部分，因此，不论单独的人的意志和愿望是由物质需要引起的，还是由于精神追求引起的，它都不是历史发展的决定力量，只是具有从属意义而已。要探求历史发展的客观规律，还需要深入到个人意志的内部，搞清楚促使个人愿望和预期产生的深层动力是什么。就是说我们知道了历史是由许多人的共同意志谱写成的，是许多人共同的思想和愿望的体现，那么为什么这些人会产生如此的愿望呢？为什么是这般的愿望而不是其他别的什么愿望呢？引导这许多人产生同样的愿望，或者说形成同样的实践目标的原因是什么？在这里，恩格斯真正贯彻了唯物主义的物质第一性观点，他相信人类的思维方式和意志不可能自发地形成某种思想和愿望，这种愿望不可能是凭空出现或者是上帝的启示，而只能是对客观存在的反映。因此，探究历史的规律不应该停留在表面的思想动机上面，而要深入到物质实践当中去，透过偶然的现象，发现背后的实质。

"旧唯物主义从来没有给自己提出过这样的问题。"[①] ——

恩格斯对意识动力的继续追问，表明了唯物主义在历史领域对旧唯物主义的超越。旧唯物主义虽然在自然观上坚持唯物主义的原则，但是到了历史观上却相信促进社会历史发展的最终原因就是人类的精神意识，而至于它背后的东西，那些旧唯物主义者们，根本不会想到。他们大多因循古希腊历史学家波里比阿的观点，把历史看作是各个事件的因果链接，而各个事件产生的原因就在于人类的

---

① 恩格斯：《路德维希·费尔巴哈和德国古典哲学的终结》。《马克思恩格斯选集》第四卷，第248页。

意志，历史的价值就在于可以从中取得教训经验，这是一种实用主义的历史学观点。18 世纪的机械唯物主义者们推崇因果关系理论，认为社会发展不以神的意志为转移，这是对神学的挑战，但是他们把历史人物划分为小人和君子，认为小人在历史上总是欺压君子，并且处于有利地位，而君子总是受骗，在生活上很是窘迫，因此历史是肮脏而不公平的，里面充满了欺辱和伪善，历史研究并不能得到多少有益的东西。同时他们一致认为"意见支配世界"，同样是把人类的思想看成是促进历史发展的动力。费尔巴哈的唯物主义依然没有超越他的先辈们，他的历史观甚至是一种倒退，他将宗教的发展变迁作为历史的发展依据，坚持人类的精神对社会发展的决定地位。因此，恩格斯遗憾地说，旧唯物主义在历史领域背叛了自己。

而反观黑格尔的历史哲学，尽管这是建立在唯心主义基础上的，但是不能否认，这个唯心主义的历史观点要比旧唯物主义的历史观点深刻得多。黑格尔相信表面上的人的精神追求和主观愿望等并不是推动历史发展的最终原因，在这些精神动力之下，还有更深刻的内容。他相信历史发展的偶然性寓于必然性之中，而哲学的任务，就在于挖掘这个必然性。曾经有人认为，如果恺撒没有出生，那么罗马可能就不会灭亡了，黑格尔予以反驳说，恺撒出生乃是一个偶然性的事件，而罗马帝国之所以灭亡，还在于一个深层的必然性原因。至于这个必然性的深层原因到底是什么，黑格尔则说，历史发展的动力之后是理性的推动。这样，尽管起点较旧唯物主义体系高了很多，黑格尔还是回到了他的绝对精神的阵地。

黑格尔认为世界历史分为 4 个阶段，它首先从东方的中国和蒙古发端，这是它的孩童时代，到了古希腊社会，就发展为青年时代，这里的发展是指相对于东方社会的专制而言。他相信希腊社会这个美丽的国家是一个美好的个性的展现，是精神为了实现自身而通过艺术作品等展现出来的。因此对于希腊社会的自由理性光辉，黑格尔没有从社会内在联系加以考察，而是从外部，从哲学理念的角度将精神这样的抽象概念注入历史，充当历史发展的真正推动者，这样的评论即使十分的精彩而深刻，也不能掩盖其空洞的本质。

黑格尔的辩证法证明了历史发展的内在联系，这成为了唯物主义的直接理论前提；费尔巴哈的思想也为唯物史观的创立间接提供了帮助，恩格斯与马克思以黑格尔的唯心主义辩证法和费尔巴哈的唯物主义理论为借鉴，提出要坚持社会存在决定社会意识的理念不动摇，从客观世界物质生产角度正确地考察历史发展的动力，因此，要探究那些自觉或不自觉地隐藏在历史人物背后的真正动力。而且，与其考察那些杰出的历史人物的动机，不如全面考察使整个民族、广大群众都行动起来的动机。历史唯物主义并不否认杰出人物的作用，他们的行动固然对历史的发展有一定的影响，但其力量是单一的，如果一个人不能成功地动员和组织群众，那么他不可能声名远扬，被很多人称道。因此，造就杰出人物的是群众，在杰出人物的号召下对历史发展产生影响的也是群众，只有研究那种能够让广大人民群众行动起来、与人民真正利益相一致的动力，才能够发现历史发展的真正规律。同时，选择研究的行动也不能是那些短暂爆发的或转瞬即逝的小事件，而应该选择那些时间持久、影响巨大的重大历史变革，这样才能排除掉偶然性事件对研究的干扰，抓住对历史发展起决定作用的必然性动力。

这里，从恩格斯的观点中可以总结出两条历史唯物主义原理：第一点，人民群众是历史的创造者，创造历史、决定历史发展方向的都是人民群众，并非个别的杰出人物。第二点，历史发展是偶然性与必然性的统一，偶然性虽然会对社会历史发展产生影响，但是偶然性是受必然性支配的，最终决定历史发展脉络的还是必然性的因素。

人的行为受思想的控制，而在思想背后还有更深层的动机，这些动机有些是明显的，有些是不明显的，但这些动机都是客观存在的反映，并且受到社会条件的影响。比如在资本主义产生的一开始，资产阶级与无产阶级的对立斗争就拉开了序幕，但是在历史的不同阶段，无产阶级反抗的手段与行动是不同的。在早期阶段，工人们并没有意识到造成他们贫困的根源是什么，而是相信机器妨害了他们的地位，正是因为各大工厂对机器的扩大应用，工人们的收入才减少了，甚至许多人失去了赖以生存的工作。这样的想法造成了1848年英国工人的捣毁机器事件。这说明，无产阶级在这一阶段虽然明确了自己的受压迫、受排挤的地位，但是受客观环境的制约，他们不能找到真正的原因。随着工业的发展，无产阶级的队伍不断壮大，他们逐渐建立了自己的政党和组织，找到了指导他们行动的纲领。这时，无产阶级就超越了自发斗争的阶段，了解到造成他们贫困境地的不是机器，而是机器背后的资产阶级的操控。因此，他们也就抛弃了曾经的打砸行动，转而通过罢工、游行示威甚至是革命来摆脱这种不平等的状况。从自发的斗争到自觉的斗争，是无产阶级反资产阶级斗争手段的发展，也是他们思想意识的发展，而这些发展，都是通过社会环境，或者说物质生产的发展来达到的。因此可以看出，推动人们思想变化，进而推动行为方式变化的最深层原因就是生产的变化。

1. 历史发展的真正动力

"在以前的各个时期，对历史的这些动因的探究几乎是不可能的，因为它们和自己的结果的联系是混乱而隐蔽的，在我们今天这个时期，这种联系已经简单化了，以致人们有可能揭开这个谜了。"① ——

恩格斯通过考察英国与法国历史的革命发展，阐述了人们思想背后的隐藏动力，得出在阶级社会中，阶级斗争是社会发展的隐藏动力，而起最终推动力是生产力与生产关系的矛盾问题。

首先，阶级关系的简单化为揭示历史发展规律的真正原因提供了便利，在 19 世纪以前的各个历史时期，要想对历史社会发展的真正动力进行科学揭示是不现实的。这是为何呢？恩格斯提出，自从原始社会解体，产生了奴隶社会和封建社会，其社会上的阶级关系就被各种**等级**的外衣笼罩起来了。奴隶社会和封建社会都被划分为不同的等级，比如在古罗马社会，就有贵族、骑士、平民、奴隶等不同等级，在中国的奴隶社会中，社会又划分为天子、诸侯、卿、大夫、士、庶人、工、商、隶等。这样的划分是按照一定的政治权利来进行的，一般都由是国家立法规定的，但是**阶级**的划分不同，阶级一般是按照经济地位来进行划分的，因此同一个阶级中可能存在不同的等级，如天子、诸侯、卿等都是属于统治阶级的。等级关系与阶级关系交织在一起，很难发现阶级斗争的问题。

当资本主义产生并日渐兴盛起来时，它推翻了封建统治，取消

---

① 恩格斯：《路德维希·费尔巴哈和德国古典哲学的终结》。《马克思恩格斯选集》第四卷，第 249 页。

了封建贵族的特权地位，社会上存在的主要是因为经济利益划分出来的资产阶级和无产阶级，笼罩在阶级关系上的等级外衣被撕开了，因此阶级对立的问题就简单明了多了，这一问题从英国与法国的现代发展史就可以明显地看出来。

在英国，自从 18 世纪 60 年代开始进行产业革命，资本主义有了长足的发展，资产阶级的力量日益强大，但是在政治方面，贵族阶级依然占据重要的席位。因此从 19 世纪开始，英国国内政治斗争的中心就是资产阶级与土地贵族之间的斗争，直到 19 世纪 30 年代，土地贵族在形式的压迫下，改革了选举原则，同意工业资产阶级参与到议会当中，这一结果打破了土地贵族的政治垄断，成功使资产阶级晋升为统治阶级。

在法国，随着波旁王朝的复辟与最终失败，阶级斗争的重要性也同样被很多学者意识到。1789 年随着法国资产阶级大革命的号角声，波旁王朝覆灭了，法国成立了第一共和国，但是 1815 年拿破仑战败后，路易十八趁机返回法国，复辟了波旁王朝。直到 1830 年，忍无可忍的人民再次将其推翻，建立了法兰西第二共和国。在复辟期间，王朝的贵族希望恢复自身的统治地位，收回经过革命已经落入到农民和资产阶级手中的土地，但是资产阶级已经发展得相当强大了，回收并不容易。因此，在这段时期内，资产阶级与封建贵族的斗争成为了法国政治斗争的中心。这样的事实，即使是复辟时期的历史学家也不能否认，他们都将资产阶级与贵族阶级的斗争看作是了解法国历史的钥匙。历史学家基佐将当时法国的社会阶级划分为贵族、僧侣和第三阶级，而法国的历史就是第三阶级反对贵族和僧侣所进行斗争的历史。马克思对此说过，无论是关于现代社会存在的阶级划分还是各阶级之间的相互斗争，都不是他与恩格斯二人的功劳，在很久以前，资产阶级的历史学家们就已经发现并进行简单论述了。

19 世纪 30 年代以后，工人阶级即是无产阶级，也被承认为阶级斗争中的一份子了。英国的资产阶级在与土地贵族的斗争中，依靠工人的力量，取得了根本的胜利，但是在这次胜利中，工人阶级一无所得。新的选举制度根据经济财产来规定选举权，而工人阶级恶劣的工作条件和微薄的工资收入没有丝毫改变，因此，新的选举制度对他们来说没有一点关系。从 1838 年开始，英国的工人阶级先后发动了三次宪章运动，以争取民主的选举权，但是均遭到了资产阶级统治下的国会的镇压，最终失败。

在法国，工人阶级也遭到了同样的压迫，因为经济危机的影响，资本家们大批量地解雇工人，造成全国近 60% 的工人失业，而即使仍然保留工作的工人，其收入也被压缩了。因此在 1831 年，里昂爆发了大规模的工人运动，要求合理的工资待遇。并且在 3 年后，又爆发了第二次工人起义运动，小资产阶级、职员和普通工人团结在一起，要求建立民主的共和国。但是，两次起义均遭到资产阶级的镇压，最终失败。不过里昂的工人们面对镇压，依然高呼"不共和，毋宁死"的口号，极大地鼓舞了工人阶级的士气，并且他们对照资产阶级的革命，提出工人也要进行自己的革命的誓言，促进了无产阶级革命的进一步发展。

英国与法国的工人运动虽然都以失败告终，但是他们的英勇事迹，已经隆重地向世人昭告：无产阶级作为一个独立的阶级，已经坚强地站起来了。他们不再以资产阶级的跟随者的形象出现，而是以第三支独立的政治力量展现在世界历史的舞台上。他们的矛头已经不是压迫着他们的资本家，而是整个资产阶级和资本主义制度；

他们的斗争方式已经不仅仅是无组织的抗议，而是有组织、有制度、有指导纲领的全面革命斗争。他们对资产阶级的宣战已经逐渐取代了资产阶级与封建贵族的斗争，成为欧洲政治革命的中心，或者说，至少在英国与法国，这样的斗争已经是推动历史发展的主要动力了。

其次，阶级斗争推动着社会的进步。那么是什么导致了阶级对立与冲突呢？恩格斯提出，生产力与生产方式的矛盾是导致阶级对立，推动社会历史发展的最终原因。

"初看起来，那种大的、曾经是封建的土地占有制的起源，还可以（至少首先）归于政治原因，归于暴力掠夺，但是对于资产阶级和无产阶级，这就说不通了。在这里，显而易见，这两大阶级的起源和发展是由于纯粹经济的原因。"① ——

这里恩格斯首先批判了关于阶级起源和发展问题上的唯心主义暴力论的观点，这种观点认为阶级的产生是由于暴力掠夺。在封建社会中，关于地主阶级与农民阶级的对立的产生，似乎可以引用暴力论的观点。比如日耳曼人进攻罗马帝国，消灭了罗马帝国原来的奴隶主阶级，推翻了奴隶制度。日耳曼的贵族首领通过分封土地、田庄，与其亲兵等形成了新的地主阶级，而无地的自由民与旧有的奴隶阶级形成新的农奴，这样，封建农奴制就建立起来了。表面上看，罗马奴隶制的覆灭是由于外来民族的暴力入侵。但是实际上，日耳曼民族入侵之时，罗马帝国的奴隶制已经发展至末期，封建因素已经在帝国内部滋生蔓延。随着外力的入侵，帝国原来已经薄弱的奴隶制链条自然断裂。同时，日耳曼民族原有的较低的经济关系受到罗马已经封建化的经济关系的影响，也逐渐向封建的经济关系

---

① 恩格斯：《路德维希·费尔巴哈和德国古典哲学的终结》。《马克思恩格斯选集》第四卷，第250页。

发展。因此，两个民族的经济关系相互影响，最终促使了封建制度在罗马帝国境内的确立。

从表面上看，将暴力论的观点应用于封建社会阶级的产生问题上，还能说得通，但是在资本主义社会，将暴力论这样的政治原因理解为资产阶级和无产阶级的产生根源，就完全说不通了。资产阶级与无产阶级的产生完全是由于纯粹经济上的原因，他们之间的对立也是因为经济利益上的对立。而他们之间的革命斗争或者政治上的要求，都不过是为了实现经济利益的手段罢了。由此可见，所谓的暴力促使新的阶级关系的产生这样观点的出现，只是因为暴力发生时正好符合了经济发展的要求。暴力斗争并不是政治发展的最终目的，通过暴力斗争，促进自身经济利益的发展才是真正的目的所在。

阶级不是人类产生之初就有的，而是私有制产生的结果。在原始社会中，因为生产力水平低下，人类生产的物品只能维持基本的生产需要，根本没有剩余。他们共同生产、平均分配产品，没有私有制，因此也没有剥削、没有阶级。而随着生产力的发展，随着产品出现剩余，私有制出现了，阶级也就随之出现了。因此，归根到底，阶级的产生是因为生产发展的结果。

在欧洲社会，封建时代末期随着生产力的发展，封建生产方式——行会手工业逐渐显得墨守成规起来，这样一来，生产力的发展受到阻碍。一部分富裕的手工业者在竞争中得利，积累了大量的生产资料，在生产的扩大中变成了资本家，而一大部分手工业者都在竞争中失利，甚至破产，他们为了生计出卖自己的劳动力，成为了雇佣工人，这就形成了最初的资产阶级和无产阶级。手中占有大量生产资料的资本家促使了新的工厂手工业的诞生，工厂手工业中虽然也是手工劳动，但是为了提高效率，劳动的专业化加强了，一个工人只需要负责生产某一个部分。这样一来，工人慢慢就丧失了独立生产产品的能力。不断追求效率的资本家随后又大力引进新型机器和能源，从而蒸汽机和其他的机器成为了工厂的主要生命力，工厂手工业进入了机器大工业阶段。在这样的阶段内，工人在丧失了独立技艺的基础上，又慢慢丧失了生产的自主性，他已经是机器的附庸者了。

行会手工业、工厂手工业以及机器大工业说的都是**生产方式**，生产方式包括了**生产力**和**生产关系**两个方面，二者是相辅相成的，在物质资料的生产过程中实现统一。随着机器大工业的产生，资本主义的生产方式已经发展完备了。其中，在生产力方面，机器大工业的发展促进了生产的社会化，提高了劳动者的技术水平以及劳动生产率，从而促进了生产力的前所未有的高速发展。在生产关系方面，资本主义的基础是生产资料私有制，资本家占有生产资料，雇佣工人进行劳动，并支付一定的酬劳。因此，资本家与雇佣工人之间是雇佣与被雇佣的关系，或者更深入地说，是剥削与被剥削的关系，正是这样的关系，造成了资产阶级与无产阶级的对立。

生产力与生产关系这两个姐妹花是相辅相成的关系，生产力的发展决定了生产关系，生产关系要适应生产力的发展状况。当生产关系适应生产力状况时，可以促进生产力的发展，而当生产关系不适应生产力的发展状况时，也会阻碍生产力的进一步发展。而在阶级社会中，生产力与生产关系的矛盾就表现为阶级的矛盾。这就是人类社会发展的普遍规律。在资本主义取代封建主义，掌握世界的控制权的时候，就表明了这个发展规律：经济的发展催生了新兴的小资产阶级，资产阶级为了扩大生产、获取更多的利益而进行行业分工和行业联合，这就产生了更多的交换需要。但是封建社会陈旧的生产秩序不容改变，寄托在封建统治下的等级特权不容许更改，这样，矛盾就出现了，封建社会旧有的生产关系不适应新兴资本主义生产力的状况，阻碍了它的进一步发展。因此，资产阶级就展开了与封建贵族阶级的阶级斗争，企图通过阶级斗争打破陈旧的生产关系的阻碍，促进生产力的进步。

这就是资本主义社会取代封建社会的真正原因，在资产阶级革命中，资产阶级才是那个受压迫的阶级。革命的号角声已经渐行渐远渐远，恩格斯说不同的国家发展到了不同的阶段，取得了不同的成效。英国的封建桎梏是慢慢被打破消解的，资产阶级革命从1642年开始，经过了两次内战，又经过了复辟与反复辟的挣扎，终于在1688建立了资产阶级的共和国；在法国，封建桎梏一下子就被资产阶级击破了。资产阶级在1794年，内战发生的第五年就建立了法兰西第一共和国，虽然在19世纪初期，波旁王朝的残余势力又卷土重来，但是即使在复辟期间，国内的封建势力也只是苟延残喘，资本主义的发展保持了良好的势头；而在德国，在恩格斯所处的时代，封建桎梏还没有完全被打碎，因为资产阶级的懦弱与妥协，封建势力依然张牙舞爪。

"正像工场手工业在一定发展阶段上曾经同封建的生产秩序发生冲突一样，大工业现在已经同代替封建生产秩序的资产阶级生产秩序相冲突了。"[①] ——

与资产阶级与封建贵族的阶级矛盾相类似，在封建势力被消灭，资本主义大工业得到了前所未有的发展之后，资本主义大工业的发

---

① 恩格斯：《路德维希·费尔巴哈和德国古典哲学的终结》。《马克思恩格斯选集》第四卷，第250~251页。

展与资本主义的生产关系有产生了矛盾。一方面，生产资料被掌握在资产阶级的手中，工人阶级没有生产资料，所以在资本主义社会中，生产者和生产资料是分开的，生产者变成了无产者，他们为了获得生活资料，不得不出卖自己的劳动力，忍受资本家的利用和剥削。另一方面，资本家们为了加快生产效率，创造更多的经济利润，加大了生产规模，加强生产的组织性和机械化。因此，更多的产品流通到了社会上。这样一来，一面是穷困受剥削的无产者，他们的工资只能够维持基本的生活开支，无法进行更多的消费；另一面则是市场上商品的积累、滞销。商品的滞销不能带来足够的利润，因此一些小资产阶级无法拿出足够的资金支持生产，最终只得破产结算。这样的最终结果就是，资本聚集在少数大资本家手中，形成了严重的两极分化，一方极尽富有，一方却衣不蔽体。而资本主义大工业也陷入了矛盾与困难之中，一方面，资本家为了追求利益最大化，盲目地扩大生产，造成了生产过剩；另一方面，资本家因为商品滞销，而极力节省开支，因此加重了对工人的剥削工人更加贫穷而无力购买商品。同时，小资产阶级和农民等相继破产，加入了无产阶级的队伍，使无产阶级的队伍逐渐扩大，整个社会的广大人民群众越来越无产阶级化。

在一个社会中，生产过剩与社会贫困同时存在，这就是机器大工业陷入的矛盾。这样的矛盾即使是在 20 世纪的美国也多次发生，1929 年美国的经济危机成为了资本主义历史上最严重的一次经济危机，而这就是由于生产过剩引起的。生产过剩与社会贫困是相互影响的，正是由于生产过剩，人民无力购买，因而引发了经济危机。在经济危机中，由于产品的滞销，生产进行了缩减，大量工厂停产或倒闭，这又使得工人工资减少或根本就失去工资，导致整个社会陷入贫困与恐慌之中，进而阻碍了生产力的进一步发展。经济危机的出现表明：资本主义的私有制严重阻碍着社会生产的进程，当下的资本主义生产关系已经不适应生产力的发展了，要解决这个矛盾，必须通过改变生产方式，或者说改变生产关系，来使生产力的发展摆脱束缚。但是，这样的改变是不会得到资产阶级的支持的，资产阶级根本不愿意放弃私有制，就如同封建贵族不愿意放弃贵族特权一样，因为私有制根本就是整个资本主义社会的发展基础。因此，只有诉诸于无产阶级自己的解放斗争，才能将无产阶级从贫困尴尬地境地中解放出来，才能将生产力从资本的束缚中解放出来。

2. 经济基础与上层建筑

"在现代历史中至少已经证明，一切政治斗争都是阶级斗争，而一切争取解放的阶级斗争，尽管它必然地具有政治的形式（因为一切阶级斗争都是政治斗争），归根到底都是围绕着经济解放进行的。"[①] ——

在这一部分，恩格斯论述了经济发展与国家以及其意识形态的关系，他提出尽管一切斗争都具有政治上的形式，但是在真正意义上，决定政治斗争的是经济状况。因此**经济基础**决定**上层建筑**，而上层建筑对经济发展具有反作用。

经济基础与上层建筑这是马克思主义哲学中的重要概念，经济基础是指一定社会发展阶段的经济制度，也就是社会生产关系的总和。上层建筑是指建立在经济基础之上的社会意识形态以及与之相

---

① 恩格斯：《路德维希·费尔巴哈和德国古典哲学的终结》。《马克思恩格斯选集》第四卷，第251页。

适应的政治法律制度和设施建设，如政治、法律、哲学、文艺等意识形态都属于上层建筑，其核心乃是国家的政权。

首先，经济基础决定了国家、政治制度等上层建筑。在阶级社会中，任何的阶级斗争虽然都表现为政治斗争，但是究其根源，一切斗争都是为了争取自身的利益而进行的。一个阶级要想获得经济上的解放，首先要获得政治上的独立。阶级斗争的形式是多样的，但是政治斗争是最高级的形式，只有夺得国家的政权，才能够得到经济发展上的主动权，实现经济上的独立。并且，即使在取得了政权之后，也需要通过政治统治来巩固本阶级的经济利益。因此，经济基础决定了政治统治，政治统治反映了经济的发展状况，它是为了实现经济发展而采取的有效手段。

但是传统的观点恰恰是颠倒的，传统的历史学家和哲学家们认为国家是决定性的因素，经济发展是由国家的政策决定的。这样的政治第一性的观点也备受黑格尔的推崇。黑格尔确信，国家是绝对精神的外化产生的，是理性的体现，它独立于社会的经济而存在，具有永恒的支配地位。先不说黑格尔的绝对精神，就一般的唯心主义历史学家看来，单个人的行动要受到他的意志的制约，是他的意志要求他干什么，他才会去干什么。同理，在社会中，社会的一切活动都要经过国家意志的同意，人民的一切要求都需要先经过国家的意志的讨论，最后以法律的形式体现出来，经济发展的诉求也不例外。

但是，恩格斯提出，国家的意志背后又是什么东西呢？国家的意志是从哪里来的呢？为什么人民和国家的愿望是这样的而不是那样的呢？显而易见，国家的意志就来自于人民的意志，或者说，在阶级存在的国家中，国家的意志来源于统治阶级的意志。统治阶级的意志与愿望是从哪里来的？当然是从经济上的需要得来的，是由生产力和生产关系的发展状况决定的。因此，国家是强大的、在经济上占统治地位的阶级的国家，它体现了这个统治阶级的优势地位。同时，这个统治阶级也凭借国家政权镇压被统治的阶级，从而进一步巩固自身的地位。

国家的发展依赖于经济基础这个事实，从历史的发展来看，也是符合史实的。在当下社会，国家为了维护本阶级的统治，在**国家机器**（统治阶级为了维护它的阶级统治，在国家内部组建的具有行政、军事、治安等功能的组织和机构，如军队、警察、监狱等都是国家机器，他们对内享有合法使用武力或暴力等正当性权力）方面，统治阶级要建立军队、警察、法庭、监狱等，用以实行对被统治阶级的管理与约束；在社会建设方面，统治阶级要维持有效的国防力量，维持必要的通讯手段与交通工具。这些国家机器以及国家的基础设施建设都离不开物质支持。可以说，如果没有足够的经济支撑，一个国家不可能健康地存在并发展。既然当代的国家为了维持这个统治工具，都要投入大量的财政支持，那么在资产阶级产生之前，在物质财富极不丰富的古代社会，统治阶级的国家建设就更要受到经济财政的制约了。而从另一个角度来看，即使是在恩格斯生活的资本主义社会中，资本积累已经相当丰富，资产阶级已经掌握了大量的资本和生产资料、享受着舒适的生活服务，但是他们依然通过国家统治对无产阶级进行巧夺豪取。那么在物质生产极不丰富的古代社会，生产力与生产工具本就极其低下、简陋，统治阶级肯定就更需要国家这个强力统治的工具进行经济掠夺，以满足他们对物质享受的需要。因此，不论是从促进生产力发展的角度来看，还是从历史上历代国家的发展本质来看，国家都不是一个独立发展的存在，它的存在与发展总是反映了支配生产的阶级的经济需要。

其次，经济基础决定国家的公法与私法。资产阶级的法学家将法律分为公法与私法，公法又称作国家法，是指涉及到国家的地位和利益的法律，其中包括国家制度、行政机构、公民权利与义务等，宪法、刑法、行政法等都是公法；私法也被称为民法，是涉及到个人利益的法律，财产法、家庭法、继承法等都属于私法的范畴。

公法作为代表国家利益的法律，由经济基础决定是显而易见的，但是私法的范围非常广泛，并且在不同的历史时期、不同的国家，私法的内容都是不同的，因此，对于私法的起源问题，存在着一定的争议。但是恩格斯认为，私法在本质上是确认单个人之间的经济关系的准则，它所表现出来的仍是所处社会的经济生活状况，它所维持的仍然是与国家统治阶级相适应的经济基础，因而即使在形式上是多种多样的，私法在本质上仍然是经济基础的反映。同样的，为了说明私法的问题，恩格斯列举了英国、德国和法国的事例。

在英国，虽然经过资产阶级革命，确立了君主立宪制的政体，但是在国家统治中，封建势力依然占有很大的比重。因此，英国的民法在制定的时候保留了相当一部分的封建法权形式，同时加入了资产阶级的内容，或者干脆是给封建式的名称赋予资产阶级的含义。因此，可以看出，英国民法的制定是与本国的政治阶级状况以及经济发展状况相一致的。在西欧大陆上，许多国家以**罗马法**（罗马法是罗马奴隶制国家法律的总称，它维护奴隶制阶级的私有财产，维护奴隶阶级的统治地位。同时，因为罗马帝国当时是强大的世界帝国，商业发达，罗马法成为了商品社会的第一个世界性的法律。它维护私有制，对商品所有者的所有法律关系，如买卖、借贷、债权、债务、契约等等，都有着详尽的规定。因而被恩格斯称赞为以私有制为基础的法律的最完备的形式）为基础制定自己的法律体系。19世纪，德意志联邦境内通行"普通法"，该法以罗马法为基础，但是这不是简单的照搬，而是经过法学家的研究以及对判决先例的援引，对罗马法进行全新的阐释。因为德意志联邦内部占主要地位的仍然的封建贵族，资产阶级非常软弱，因此，"普通法"中主要维护了贵族阶级的利益，只是在"商法"的部分作了让步。18世纪，普鲁士制定了"普鲁士国家法"，这里的国家法并非是公法，而是指普鲁士国家的法。该法依据罗马法编纂，一方面承认封建土地占有制度、维护贵族的特权地位以及肯定农奴的从属地位，另一方面又承认私有财产神圣不可侵犯，体现了资产阶级的利益。因而，整个法律体系看上去模棱两可、法律概念含混不清，充满了法学家的虚伪的道德解释，这在恩格斯看来并不是好的法律体系，而是宗法制的专制主义法典。

为了更好地理解上文，有必要对上文提到的德意志联邦与普鲁士王国做一个简要的介绍。

德意志其实是一片广大的区域，法兰克帝国分裂后产生了3个部分，法兰西发展成为了法国，而意大利和德意志则长期处于分裂状态。德意志境内包含了众多独立的国家和城邦，包括普鲁士王国和奥地利等，它们在形式上组成了德意志联邦。随着经济发展，普鲁士王国逐渐发展成为实力最强的，并且最终完成了德意志民族的统一。因此，德意志联邦与普鲁士王国是包含与被包含的关系。

欧洲大陆的另外一个强国——法国，虽然同样以罗马法为基础，但是成果却完全不同。法国的资产阶级革命相对要彻底的多，因此法国人制定的法律体系——法兰西民法典，表现的要好得多。该法规定了资本主义的财产制度，规定私有财产神圣不可侵犯；所有权是绝对的、无限制的占有，任何人都不得强行占有他人的所有物，这稳定了农民的利益，保证农民拥有自己的土地；规定了自由、平等等原则，巧妙地确立了资产阶级的统治地位以及无产阶级的被统治地位。因此，法兰西民法典的确立维护了资产阶级这个统治阶级的利益，在资产阶级世界上产生了巨大影响，恩格斯也称赞其为制定得较好的法典。

因此，私法也是反映了统治阶级经济发展状况的法律规范，它也是资产阶级意志的体现，它的多种形式不过是由不同国家资本主义的经济发展状况以及资产阶级的自身的发展水平决定的，资产阶级发展状况好的时候，私法的制定就完善一些；资产阶级发展状况受到束缚的时候，私法的制定也就相对地不尽如人意了。

再次，国家与法律具有相对的独立性。国家与法律虽然是建立在经济基础之上的，但是它们一经建立，就成为了相对独立的存在。

"国家作为第一个支配人的意识形态力量出现在我们面前。社会创立一个机关来保护自己的共同利益，免遭内部和外部的侵犯。这种机关就是国家政权。它刚一产生，对社会来说就是独立的，而且它越是成为某个阶级的机关，越是直接地实现这一阶级的统治，它就越独立。"① ——

国家的产生是为了维护统治阶级的利益，统治阶级正是利用国家机器对社会、对人民实行统治，因此，国家总是凌驾于社会与人民之上的。社会中的经济、政治、教育、文化等不同的方面，都需要国家的引领。因此，这诸多方面就掩盖了国家与经济基础上的必然联系，显示出了国家的独立地位。不可否认，国家从一产生，就

---

① 恩格斯：《路德维希·费尔巴哈和德国古典哲学的终结》，《马克思恩格斯选集》第四卷，第253页。

具有相对的独立性，随着阶级斗争的逐渐发展，国家政权愈发集中，因而它愈加不受其他阶级的控制，它的独立性就愈大。而它愈独立，受到的反对阶级的攻击就愈大。因此，不同的阶级斗争总是从政治斗争开始，国家的统治权也是从一个阶级转移到另一个阶级。这些事实都说明了国家的相对独立的存在，这是不可否认的，但是承认国家的独立地位并不能够夸大国家的统治。资产阶级的历史学家们因为阶级斗争以及国家对各种意识形态的控制，得出了国家作用的夸张言论，认为国家政权就是阶级斗争的最终目的，这是只注重表面现象而不深究客观内涵的错误做法。但是恩格斯欣慰地提出，并不是所有人都是不切实际的研究者，古罗马的历史学家阿庇安就切中要害，指出罗马共和国的战争是由土地所有权的争夺引起的。

"国家一旦成了对社会来说是独立的力量，马上就产生了另外的意识形态。"[1] ——

这里的意识形态就是指法律，法律作为维护统治阶级利益的法律工具，具有独立而全面的体系框架。虽然法律的内容与原则是按照经济发展水平制定的，但法律本身具有规范社会环境、规范市场交易准则、规范人民行为的权利，因此作为国家意识形态的法律具有相对的独立性。但是在有些政治学家以及经济学家那里，经济事实只有取得了法律上的承认才是合法的，否则这种经济行为就是不合法的，因此他们推断出法律不受经济基础制约、法律观念的发展是自身概念的完善、是概念不断克服自身内在的矛盾而实现的概念的超越、法律规定一切这样错误的命题来。事实上，他们这是夸大了法律效力，忽略了法律概念本身的来源。

---

[1] 恩格斯：《路德维希·费尔巴哈和德国古典哲学的终结》。《马克思恩格斯选集》第四卷，第253页。

因此，作为一种客观的存在，国家与法律都是具有相对的独立性的，它们可以对整个社会进行规范、引导，但是承认这种独立性并不能否认经济这个深层原因。事实上，这样的原则正是马克思主义辩证法的体现，任何事物都不是孤立的，它总是处于复杂的关系网络之中；任何事物也不是凭空就出现的，它的出现总有一个前提或原因存在。

最后，经济基础决定国家的上层意识形态。上层建筑包括国家政治制度和意识形态。国家的政治制度和法律等与经济发展密切相关，大都能够直接反映经济发展状况，而上层的意识形态，如哲学和宗教等，则距离经济问题较远，并不能直接反映经济状况。

哲学作为一种世界观和方法论，高于政治和法律，它不是直接反映经济发展的水平，而是通过政治、道德、法律等途径间接地反映经济基础和发展规律。而且，哲学作为对整个人类智慧的概括，其概念比起一般的政治、法律概念要抽象得多、晦涩得多，因此它与经济的关系被掩盖在模糊之中。但是这些原因都不能否认，哲学与经济基础的联系是确实存在的。

15世纪开始，随着欧洲资产阶级的产生，资本主义经济逐渐发展起来。新兴的资产阶级反对中世纪的宗教桎梏以及封建束缚，强烈希望结束中世纪封建贵族与教皇的黑暗统治，实现资本主义的大繁荣。这样的诉求反映到哲学和文学领域，就成为了资产阶级哲学家和文学家对古希腊罗马的理性、自由思想的向往。在15世纪，由于资产阶级的发展还不完善，因此其哲学家和文学家们只是希望恢复古希腊罗马自由的哲学传统；16世纪，哲学家和文学家们以古希腊罗马文化的理性与自由为核心，创造出来具有独特魅力和人文主义气息浓重的哲学体系和文学体系，用以反对经院哲学并发展自然科学；18 世纪，法国能够孕育出唯物主义哲学，就说明了法国的资本主义已经发展到了较高的程度；而 19 世纪德国的黑格尔哲学的辩证与唯心主义的二重性则表现出了德国资产阶级的软弱本性，是德国资产阶级自身发展不足，想要进行革命却又中途退却的真实写照。因此，哲学与经济发展之间虽然有政治制度等诸多环节，二者的联系却是客观存在的。一个哲学体系，仍然是为该哲学家所处的阶级与环境所制约，追根到底就是被所处阶级的经济发展状况所制约，评判一个哲学体系的影响范围如何，还是需要看其满足社会需要的程度如何。

而在宗教方面，宗教同样是经济基础的反映。关于宗教本质与经济关系的理解，恩格斯在书中运用了大量的篇幅来说明。

宗教并非是人类与生俱来的思想，而是原始社会对自然界盲目崇拜的结果。原始社会生产力尤为低下，人类基本不具备科学知识，因而产生了各种自然力的崇拜。由此可见，原始宗教的产生就是生产力低下、科学落后的结果。

宗教在产生之初，是以将血缘关系作为纽带的氏族为界限的。生产力的发展，导致了氏族的分裂，促进了民族的形成。因而，氏族的神消失了，取而代之的是民族神。这样的民族神只在本民族内部产生影响，它们与这个民族紧紧地联系在一起，民族没落了，民族神也就不存在了。

罗马帝国建立以后，确立了奴隶制度。因此，旧有的民族神，不论是被统治区域的神，还是罗马城本土的神，都已经不适合国家统治的需要了，罗马帝国的统治者需要的，是一个受多个区域尊重和信仰的神，这表明世界宗教是为了维护世界帝国统治的需要。当然，统治者需要的这种宗教不可能仅仅凭借一纸敕令就被创造出来，宗教的形成需要相当漫长的过程，这种意识形态一方面需要有新的、符合社会发展需要的内容，一方面也需要融合旧有的观念材料，只有将二者融合到一起，才能产生为群众普遍接受、被普遍尊敬的神。新的世界宗教——基督教就应运而生了。基督教融合了东方神学（如犹太教的神话传说）和某些古希腊哲学（如灵魂不死、禁欲主义等），逐渐形成了自己的体系。基督教在产生之初，只是贫苦大众所信奉的宗教，随着它的传播与发展，其教义发生了变化。升级之后的基督教受到罗马帝国统治者的青睐，因此改变了对其的打压态度，转而将其定为国教，同时，基督教也承认了罗马帝国皇帝对基督教的统治。

在中世纪，基督教为了与封建等级制度相适应，在内部采取了封建的教阶制，这是一套自上而下的严格的等级体制。教阶制度规定，基督教的最高统治者是罗马教皇，教皇直接任命数十个红衣主教，分管各个教区。在每个教区或国家内，设大主教、主教、神甫等神职。同时为了惩戒思想不端之人，教会设立宗教裁判所。这样的一个等级森严的宗教制度就是建立在封建统治之上的，为了维护封建统治的特殊机器。教皇与大僧侣本身都是大地主，掌握大量的土地和财产，因此，这样的基督教只是戴上了神圣光圈的封建桎梏罢了。

随着封建社会内部资本主义的发展，后来成为资产阶级的市民阶级兴起。在市民阶级的要求下，基督教分为代表市民阶级的新教和代表封建贵族阶级的旧教，新教主要在法国南部的经济繁荣地带发展起来。代表了市民阶级利益的新教开始反对旧教。这些新兴的市民阶级为什么要用宗教的形式进行反抗呢？答案是显而易见的。在中世纪，宗教势力十分强大，就连政治、哲学、法律都只是宗教的附属物，因此，要想发动反对封建专制的斗争，要想带动起群众的热情，就必须要使群众的利益披上宗教的外衣，只有推翻强大的宗教束缚，解放群众的思想，才能继续推动其他改革的推进。在反封建斗争愈演愈烈的过程中，城市的贫民、小工、仆役以及农民的力量也逐渐壮大，他们与市民阶级的利益相对，因此，新教又分裂为代表市民阶级利益的温和派和代表贫民利益的革命派。宗教上的抗争是新兴的小资产阶级争取自己的利益的抗争，但是在这段时期，小资产阶级的发展很不完善，宗教上的抗争也没有取得较大的成果。

随着资产阶级的发展与壮大，宗教改革运动如火如荼地展开了。宗教改革正是资产阶级反对封建专制、发展资本主义制度的要求的宗教体现，它是资产阶级努力争取主导权力的体现，因而，宗教改革的不可根绝性与正处于发展阶段的资产阶级的不可战胜性是一致的。

第一次大规模的宗教改革运动发生了德国。1517 年，马丁·路德反对教皇兜售赎罪券，掀起了宗教改革的大潮。路德建立了路德派，提出宗教信仰是个人的事，教会无权干涉；认为贵族要没收教会的财产；要求简化教会礼仪等，这些方面得到了各个阶层的支持。但是不同阶级的支持动机不同，平民与农民希望改变受剥削的现状，而贵族与资产阶级希望消灭教会的特权，实现自身利益的发展。因而，路德派被分为两派：一派是以闵采尔为代表的"平民革命派"，另外一派是以路德为代表的"市民温和派"。革命派发动了农民战争，但是温和派却倒向了封建贵族势力，导致革命被镇压。随后，联邦各国贵族们趁机夺取教会的大量土地与财产，并且不断与外国进行权力征战，整个德意志联邦陷入一片征战与混乱中。恩格斯痛心地说，从那时起，德国有整整 3 个世纪从那些能够独立干预历史的国家中消失了。这说明，路德宗教改革的失败是德国的资本主义发展仍不完善、资产阶级软弱无能的结果。

而发生在法国的加尔文领导的宗教改革则是以真正的法国式的尖锐性突出了宗教改革的资产阶级性质，使教会变得共和化和民主化。加尔文在日内瓦成立了加尔文派，提出建立一个由宗教支配的共和国，教会是选民的组织，教职人员都要通过选举产生。并且，他宣扬上帝先定说，认为部分人富有，是因为上帝早已经把他们选中，而大部分人穷困，这是因为上帝已经放弃了他们。从这些论述中我们就可以看出，加尔文的宗教改革思想具有强烈的资产阶级的色彩，他的宗教观，正是为资产阶级辩护的。

首先受到加尔文派影响的是荷兰，荷兰通过加尔文教的改革与斗争，成功脱离西班牙和德意志帝国的统治，成立了资产阶级共和国。英国的资产阶级改革也受到加尔文派的影响，虽然其间经过了复辟与反复辟，但是最终资产阶级与封建贵族相互妥协，建立了君主立宪制的政体，并且其宗教形式也改为加尔文式。

法国的加尔文教受到国王的暴力镇压，教徒不是被迫改信天主教，就是被驱逐出境，但是这些都已经是无用功了。法国资本主义的发展已经足够强大，先进的资产阶级知识分子已经站起来，对封建主义与天主教势力坚决地说"不"了。资产阶级的壮大使得它产生了自己的独立的意识形态，法国的基督教（即天主教）已经是穷途末路了，资产阶级也已经不需要宗教外衣的掩饰了，他们扛起了理性的大旗，欢呼着自由、平等的口号。而基督教已经不是进步阶级进行革命斗争的工具了，只有法国的封建贵族依然利用耶稣基督勉强与资产阶级抗衡。但是，至于他们是否真的一方相信理性，一方信赖耶稣，这已经是无关紧要的了。

因此，宗教的作用一目了然，它就是阶级统治的工具；宗教的深层根源也一目了然，它是某个阶级为实行政治统治，发展阶级经济的精神鸦片。当然，宗教的产生不是一朝一夕的结果，宗教的思想也不是任意定制的。正如恩格斯所说的那样，一切意识形态领域中，传统都是一种巨大的保守的力量，一种宗教要想得到广泛的群众基础，就必须继承部分传统的思想内容，有取有舍才能既赢得保守势力的承认，又能得到激进势力的认同。这是一种阶级斗争在思想上的策略，当然，若是斗争的一方势力已经极其强大，那么思想上的掩饰就完全是不必要的了。

至此，恩格斯关于马克思主要历史观的阐述就结束了。恩格斯在这一章节里，借助历史上英、法、德等国家的重大事件以及发展历程，对历史唯物主义进行了细致的解说。在对历史观进行阐述的时候，恩格斯将侧重点放在历史的唯物主义方面，重点批判了一切唯心主义的历史观，也包括了费尔巴哈的历史观；而在论述自然辩证法时，则将侧重点放在了辩证法上，揭示了旧哲学的形而上学本性。

3.　群众创造历史

在本书正文的最后两段，恩格斯主要阐述了 1848 年德国资产阶级革命之后，资产阶级与无产阶级对待理论的态度，说明了理论与革命、哲学与现实之间的关系，提出了哲学理论对现实革命的指导意义以及革命对哲学理论发展的反作用力。

1848 年，在德国的社会历史上，这是一个重要的历史时期，是德国历史发展的分水岭。恩格斯的《费尔巴哈论》一书主要阐述的都是 1848 年以前的哲学理论以及社会事件，1848 年以后的哲学发展状况却很少涉及，这是为什么呢？

1848 年德国资产阶级革命之前，资产阶级的发展处于上升阶段，当时社会上的主要矛盾还是资产阶级与封建贵族之间的矛盾。资产阶级为了反抗德国封建贵族的压迫，努力提升自身的经济实力，为资产阶级革命准备物质基础。同时，在科学理论及哲学研究方面出现了一大批有所建树的自然科学家以及哲学家，如开普勒、施莱登、施旺、康德、黑格尔、费尔巴哈等，他们的自然科学发现以及哲学理论都对封建腐朽文化产生了较大冲击，这为资产阶级的革命运动提供了舆论准备。

但是经过 1848 年资产阶级革命，资产阶级没能完全推翻封建制度，反而通过与封建势力妥协，得到了国家的部分统治权，并且与封建贵族一道，对广大民众施行压迫。在 1871 年，德国通过王朝战争统一了小德意志帝国，消灭了邦国割据的状态，这使资本主义的发展道路更加顺利了。由此，资产阶级掌握了国家的领导权，他们不再宣扬革命精神，甚至变得保守反动。这个时期，国家的主要矛盾已经变成了资产阶级与无产阶级的矛盾，资产阶级利用统治的权势，对无产阶级进行了无情的打压。资产阶级已经不需要什么进步的、革命的理论的指导了，他们需要的是扩大自身的利益，巩固自身的统治。因此，恩格斯用充满讽刺的口吻说："'有教养的'德国人抛弃了理论，转入了实践的领域"[①]，"思辨在多大程度上离开哲学家的书房而在证券交易所筑起自己的殿堂，有教养的德国也就在多大程度上失去了在德国最深沉的政治屈辱时代曾经是德国的光荣

----

① 恩格斯：《路德维希·费尔巴哈和德国古典哲学的终结》，《马克思恩格斯选集》第四卷，第 257 页。

的伟大理论兴趣——那种不管所得成果在实践上能否实现，不管它是否违反警章都照样致力于纯粹科学研究的兴趣"①。德国的资产阶级已经没有了康德、黑格尔、费尔巴哈那样专心致力于理论研究的学者了，他们的兴趣随着政治地位和经济地位的变化，也悄悄改变了。他们的兴趣已经放在证券交易所日进斗金的事业上以及对无产阶级的无情打压上。诚然，自然科学随着社会的发展，它的研究依然在深入进行着，依然保持着时代的高度，但是在关于对世界上不同事物的整体把握上、对客观规律的归纳概括上，德国的研究已经远远落后于英国。德国的资产阶级已经丧失了那种毫无顾忌的勇气和对科学研究的狂热精神。德国社会上充斥的只有缺乏自我思考的中庸者和那些狗苟蝇营的利益至上者，他们所思所想的只是维持资产阶级的统治，并以此来保护、维持自身的金钱和地位。

幸运的是，德国的工人阶级还是一支年轻、充满活力的队伍。经过 1848 年革命，无产阶级已经成长为独立的政治力量，在他们中间，没有对利益的钻营，没有对对立阶级压迫的怯弱；他们拥有的是年轻不屈服的心以及毫无顾忌、大无畏的精神。他们为了反抗资产阶级的压迫，迫切地需要科学理论的指导，而马克思主义正是顺应时势、符合无产阶级利益的科学指导方法。无产阶级是先进生产力的代表，是改造世界的中坚力量；而马克思主义哲学体系是关于世界发展的客观理论研究，它是建立在德国古典哲学基础上的正确的世界观和方法论，它按照世界发展的本来面貌揭示了事物发展的一般规律，并且要求运用这一规律改变世界。正如马克思曾经说过的，一般的哲学体系只是认识世界，而马克思主义哲学体系达成了

---

①　恩格斯：《路德维希·费尔巴哈和德国古典哲学的终结》。《马克思恩格斯选集》第四卷，第 257～258 页。

哲学的真正任务——改变世界。无产阶级在马克思主义哲学的指导下，才能改变当时德国社会的现实，解放被一个反动、强大阶级压迫的人民大众，因而，恩格斯在本书的最后提出：德国的工人运动是德国古典哲学的继承者。

第四节　马克思主义哲学引领未来哲学发展道路

恩格斯在对黑格尔与费尔巴哈进行批判，对旧唯物主义进行改造和发展之后，阐述了马克思主义的辩证自然观和辩证历史观，这种辩证的唯物主义与以往的一切哲学体系都有着根本的区别。

首先，在马克思主义哲学体系之前，哲学是一个大家庭，它无所不包，是科学的科学。但是这种将一切科学知识都纳入到哲学体系中的做法，却是消解了哲学本身的研究对象，使哲学成为了所有科学的集合。但是经过三大发现以及自然科学的发展，自然科学知识已经独立门户，离开了哲学大家庭。而经过历史唯物主义理论的建立，社会历史问题也成为了一门单独的学科，从哲学体系中分离出去了。这就为哲学的真正研究对象腾出了地方。

其次，以往所有的旧哲学都是用主观想象的联系代替客观世界的联系。黑格尔哲学并没有遵循客观世界的发展过程，用精神力量代替客观的存在，而对于那些科学尚未到达的领域，他也是用思维的力量绘制出一种联系，将这种主观臆造的东西宣布为真理。至于费尔巴哈，除了一部分唯物主义的自然观点之外，他更是用主观推断出的结论代替客观的现实存在。因此，从这种研究方式上看，以往的旧哲学家都忽视了一切从实际出发这个根本的出发点。

　　马克思主义哲学提出，哲学不是对自然事物的总结，也不是对历史知识的概括，真正的哲学应该从现实出发，研究纯粹的思想领域。就是说未来哲学的根本任务就是研究人类的思维世界，也就是人类面对世界如何进行思考的问题。这个问题延伸出了两个方面：逻辑与辩证法。这并不意味着将哲学从尘世社会放逐，归于高高的云端，不食一丝人间之气。而是说哲学家们应该通过研究思维的辩证发展过程和客观世界的辩证发展过程，发现其中蕴含的规律性，从而促进人类对自然界和社会历史的深层认识。当然，这个认识过程是无限延伸、无限发展的过程。因此，马克思主义的哲学并不是提出了终极真理的概念，而是开辟了一条通向真理的无限的道路。

第六章 《费尔巴哈论》的启示

第一节 《费尔巴哈论》是清算以往信仰的
总结性著作

《费尔巴哈论》是在马克思主义广泛传播基础上的总结性、批判性论著，恩格斯的写作目的是批判黑格尔哲学与费尔巴哈哲学的理论缺陷，表明马克思主义哲学虽然建立在二者的理论基础上，但是与二者有着本质的区别，马克思主义哲学体系是对黑格尔哲学和费尔巴哈哲学的继承与超越，是在没落的德国古典主义哲学的阵地上开创的哲学新世界。

第一，在理论研究的对象上，马克思主义哲学是关于自然界、社会历史以及思维发展的普遍规律的科学，它解决了科学与哲学的关系问题，结束了以往旧哲学是科学之科学的理论传统，建立了关于世界发展和人类思维发展的科学的世界观和方法论。

第二，在理论的内容上，马克思克服了黑格尔哲学的唯心主义和费尔巴哈哲学历史观上的唯心主义，坚持从客观现实出发，实现了自然观与历史观上辩证法的统一，形成了从头到脚的完备的唯物主义理论体系，克服了一切旧哲学的唯心主义性质和形而上学的抽象性、不彻底性。

第三，在哲学的立足点上，马克思主义坚决面向无产阶级这个真正进步的阶级，相信占据了社会多数人口的人民群众才是革命的绝对力量，坚决维护广大人民群众的根本利益。由此，马克思主义成为无产阶级改变旧世界、创造新世界的思想武器。

第四，在哲学的使命上，马克思主义坚持以科学的思想为指导，以社会实践为基础，以革命斗争为手段，最终实现广大劳动人民的解放。实践性是马克思主义区别于以往旧哲学的重要标志，恩格斯与马克思要求革命斗争并不只是口头的口诛笔伐，而是需要从现实中、从实践上对反动者予以打击。

第二节 当代理论的奠基石

距离《费尔巴哈论》的写作已经过去了 128 年，德国社会中的阶级混乱局面也已经距离我们很远了，那么马克思主义是否已经过时，我们是否已经不再需要马克思主义的指导了呢？答案当然是否定的。马克思主义最重要的特征就是从客观现实出发，强调世界的联系性与发展性。恩格斯在书中所描写的剥削、压迫虽然已经消除了，革命也不再是广大群众的首要任务，但是，马克思主义的思想精髓依然散发着睿智的光辉，中国特色的马克思主义依然指引着我们前进的道路。

对我们个人而言，马克思主义辩证的思维方式非常值得借鉴。马克思主义认为，世界是发展的，人的思维也是发展的、进步的，因而一个人的思想不会永远停止不前，我们看待别人的眼光也不能永远不变。正如那句古老的成语所描述的：士别三日，当刮目相看。同时，思维的发展、个人的成长都离不开创新，没有创新，理论就会失去生命力，个人的发展也会受到阻碍。没有创新就意味着被时代淘汰，费尔巴哈的理论为什么在革命时期失去了信徒，费尔巴哈本人为什么又被时代抛弃了呢？显然是因为他抱着爱的理念在哲学上再不肯前进一步。因此我们需要怀有与时俱进的心态，不断自我创新、不断接受创新，了解社会上的新观念、新动态，这样才能成长为适应社会发展的新青年，而且，只有将蕴含了珍贵宝藏的理论遗产运用于现实生活中，才是真正继承了马克思主义。

其次，对待世界上的事物，我们都应该全面地看待，也就是从正反两方面去看。世界上没有绝对完美的事物，也没有绝对邪恶的事物，正如恩格斯与马克思在建立马克思主义体系的时候，对待黑格尔的唯心主义哲学与费尔巴哈的唯物主义哲学所表明的，正确的事物也可能蕴含在错误的体系中；而且，对某人而言是错误的思想、方法，对其他人而言则可能是再正确不过的了。因此，我们在平常生活中，也要学会运用全面的眼光、辩证的方法看问题，遇到困难，不要一味地恐惧、逃避，正视困难、解决困难，可能会得到意想不到的收获。

在国家发展方面，马克思主义是指导我国革命斗争、建立社会主义制度的科学理论，在新世纪，马克思主义更是与我国的基本国情相结合，形成了中国特色的马克思主义理论，这个理论在我国社会发展的不同阶段，被赋予了不同的内涵和任务。

　　以毛泽东为核心的党的第一代领导集体，坚持马克思主义的革命理论和人民群众是历史的创造者这一原理，开辟了中国特色革命道路，在内忧外患的双重压力之下建立了新的中国。

　　以邓小平为核心的党的第二代领导集体，坚持马克思理论与中国具体实际相结合，开辟了中国特色社会主义道路，促进了中国的经济发展以及人民生活水平的提高。

　　以江泽民为核心的党的第三代领导集体，提倡实现马克思主义的中国化，认为坚持马克思主义理论就要从人民群众的利益出发，并且以人民群众的利益为归宿，充分发挥人民群众的主动性与创造性。

　　以胡锦涛为总书记的中央领导集体，在马克思主义理论的基础上，提出了以人为本的科学发展观，要求以广大人民的利益为本，整个社会的发展成果由人民共享。

　　以习近平为总书记的新一届中央领导集体，坚持马克思主义基本原理与前几代领导人的科学理论，从中国现实国情出发，提出了"**中国梦**"的思想，要求中国共产党领导人民通过把握国内外的现实条件，实现中华民族的伟大复兴。

　　"中国梦"既涵盖了个人的理想，也涵盖了中华民族的梦想，这一口号的提出，是对现阶段中国发展状况的正确解读以及对未来发展方向的展望。按照马克思主义的思想原则，任何一个人、一个党派、一个国家，要想实现经济的繁荣，都需要先进理论的指导，都需要意识形态的支撑，需要用先进理论和意识形态所蕴含的巨大精神力量鼓舞斗志、昂扬精神。每一个人都有理想与追求，而"中国梦"，就是所有中国人的理想与追求，是每一个中华人民的共同期盼。每个人的前途与命运都是与国家的前途与命运紧密联系的，实现中华民族的伟大复兴，这是国家的兴盛与强大，也是人民的幸福与安乐。中国梦的提出并非偶然，这是将理想信念立足于中国现代发展背景之上得来的，这是立足于实践，对国家的实践运行提出的新的目标与挑战。脚踏实地、坚定不移地追求这个目标，是包括我们青少年在内的所有中国人的共同任务。

第三节　包含着新世界观的天才萌芽的第一个文件

　　《费尔巴哈论》在 1888 年出版的单行本后附有马克思所写的《关于费尔巴哈的提纲》（以下简称《提纲》），这个《提纲》是马克思在 1845 年为恩格斯与他即将合著的《德意志意识形态》所写的大纲，这是在马克思逝世之后，恩格斯整理旧稿时才发现的。在阅读完后，恩格斯予以了高度评价，认为这是"包含着新世界观的天才萌芽的第一个文件"。他认为这是他们二人为清算从前的哲学信仰而作的舆论准备，这是仍然具有现实意义的珍贵文本，因此，在出版《费尔巴哈论》的单行本时，恩格斯将其作为附录发表。

　　在 19 世纪 40 年代，费尔巴哈的唯物主义在哲学理论方面占据了主导地位。费尔巴哈称自己的哲学体系为"新哲学"，这个"新"，就在于他的哲学出发点是感性的人，这就比之前的那些凭借脱离了人这个存在，而只是根据客观的物质展开论述的唯物主义者们要好上很多。这一方面，马克思对其也是赞赏有加。但是，这个蕴含了资产阶级观点的唯物主义没有前行得太远，他的人虽然是感性的人，但是最后他又把人理想化了，他企图建立平等的人的存在世界。因此，这个很不彻底的唯物主义没能正确地反映社会现实，也不可能正确地指导人民运动。恩格斯与马克思认为，在资产阶级与无产阶级的斗争中，如果不能从根源上使整个社会摆脱阶级划分的束缚，那么阶级斗争永远存在，广大人民群众永远不可能得到真正的解放。因此马克思着手制定提纲，准备全面批判费尔巴哈的理论，创立无产阶级的世界观，以指导无产阶级的革命运动。

《提纲》分为 11 条，一共不足 1500 字，每一条都是以警句的形式写就的。它概括了以往马克思的理论成果，对费尔巴哈哲学进行了超越论述。《提纲》的核心观点是实践观，在内容上指出马克思唯物主义与一切旧哲学的区别：首先，以往的哲学家们只是用不同的方式解释世界，而真正的问题在于改变世界。这就用实践的观点克服了一切旧唯物主义的感性与直观性。其次，指出人的本质是一切社会关系的总和，肯定了人的主体地位，这就与旧哲学的唯心史观划清了界限。从上述两个基本立场出发，马克思开始论述了以实践为核心的历史唯物主义理论。因此，我们可以看出，《提纲》乃是马克思从旧的世界观向新世界观的转折点，是马克思主义科学哲学的真正起点。

《提纲》的 11 条警句之间存在着深厚的联系，其贯穿前后的线索就是实践观，按照逻辑顺序，可以将主要内容分为 3 部分。其中，第一部分是第 1～2 条，在这两条中，马克思总体概括了新旧唯物主义的根本区别；第二部分是第 3～9 条，这是对前两条的具体展开，对旧唯物主义的某些具体观点进行批判，并多次提出历史唯物主义的核心理念；第三部分是第 10～11 条，这里对提纲作了总结，揭露了唯心史观的阶级根源并提出了哲学的真正使命。

第一部分：实践是辩证唯物主义的基础

第一条 旧唯物主义，包括费尔巴哈的唯物主义，都不了解实践的意义，他们离开人的社会实践，消极地凭感性直观认识事物。

旧的唯物主义承认世界的客观性和第一性，承认人的意识是对客观世界的反映。但是对于客观世界如何反映到人的头脑中这个问题，旧唯物主义者们就很难做出正确回答了。他们不是从人类的实践的去理解，而是通过感性与直观去把握。也就是说通过人的感觉器官去认识世界，这确实是我们认识世界的一个环节，但却不是最终的环节。我们首先需要用眼睛认识各种事物，然后通过各种实验或其他的实践活动来进行深层的了解。但是在旧唯物主义者那里，感性直观的理解方式就是主要的，或者说是全部的理解方式。人类的意识就是被动地承接世界上的事物对人类产生的映像，就好像一面镜子，真实地映照出了世界上的万物。这样，旧唯物主义者们就将人类意识与客观世界的关系理解为反映与被反映的关系，而不是改造与被改造的关系，这就完全撇开了人类主体的实践性与能动性，他们完全忽略了当代世界上的气候改变、动植物栽培、房屋等都是人的活动的结果。

与旧唯物主义相反的是，唯心主义反而发展了人类的能动性，但是这种发展是抽象的，显然是因为唯心主义将绝对的精神或个人意识当作真正的主宰，将世界上的一切都看作是精神、意识控制、改造的结果。因此，他们对人类能动性的解释只是夸大了意识的作用，当然也没有注意人类实践的巨大影响力。

马克思提出，费尔巴哈并不是没有提到过实践的观点，相反，他多次提到并且似乎相当重视实践的作用。但是，经过研究，马克思发现，费尔巴哈的实践观只是抽象的实践观，他的实践就是人的理论活动，这就是人类的真正的活动。当下社会上的人类活动——商业活动，在费尔巴哈看来，这只能算作是卑劣的犹太人的利己主义活动。因此，我们理解当中实践在费尔巴哈那里只是人类基本的吃、喝、呼吸活动以及低下的敛财活动而已，并没有改造、创新等积极的因素存在。

所以，旧唯物主义与唯心主义都不能明白实践的真正意义，不能明白世界进步、发展的真正动力所在。而马克思对实践的肯定以及实践观点的确立都为历史唯物主义的创立构建了理论前提。

第二条 实践是唯物主义的基础和检验客观真理的标准（在辩证唯物主义的意义上，这里的真理是相对真理）。

人类的思维是否具有客观的真理性，也就是关于人类的思维能否真正认识客观世界、这种认识如何才能证明是正确的问题。关于这个问题，唯心主义者当然是给予否定的回答，因为客观世界本来就是思维创造的，人类不需要再向客观世界寻求真理的标准，标准本身就存在于思维之中。在费尔巴哈看来，人类的思维是可以认识客观世界的，也就是说，人类的思维能够达到客观真理。但是关于客观真理的标准，费尔巴哈的理解确实错误的。首先，他仍然是犯了感性直观的错误，认为通过感性直观的认识就可以得到对客观世界的认识。其次，他认为多数人的意见一致就达到了真理，真理是大家的创造物。而大家的意见一致还只是真理的第一步，只有人类的理性才是真理的尺度。在这里，费尔巴哈又陷入到主观的、唯心主义的泥潭中去了。

马克思认为，人的思维是否具有客观的真理性，这不是一个纯粹理论的问题，而是一个实践的问题，要检验人类的思维认识是否与客观事实相符合，需要从社会实践中去把握。中国有句古语叫作"三人成虎"，就是说一件事情，说的人多了，那么它就成为事实了，进而引起了更多人的恐慌。这是反驳费尔巴哈真理观的很好的例子，我说有老虎出现，别人也说有老虎出现，周围所有的人都附和我，但是老虎真的出现了吗？这还是需要人们对周围进行巡查才能得到答案的。

因此，人类能够正确认识客观世界，这是无可争议的观点，运用社会实践来检验人类认识的真理性，这也是显而易见的。那些离开了人类的实践去讨论认识真理问题的人们，就好像是中世纪那些讨论"天堂的玫瑰花是否有刺""一个针尖上可以站多少天使"这类问题的哲学家们一样，是完全脱离实际的。

第二部分：批判旧唯物主义在历史观上的唯心主义观点

第三条 旧唯物主义者对人与环境、教育之间关系的错误理解。

这样的旧唯物主义者主要是指 18 世纪法国的唯物主义者以及后来的一些空想主义者，他们相信人是环境与教育的产物，能够改变人的是另外一种环境和教育，因此，有什么样的环境与教育，就有什么样的人。这里的环境就是指法律以及该法律所处的政治制度，因此，这里的意思就是法律决定着一个人的行为。那么如何制定好的法律以营造良好的环境呢？这就需要完善道德教育，教育制度完善了，那么制定的法律制度也就完善了。但是制定法律以及制定道德标准的都是人，这样一来，不就变成了人决定教育制度和法律规范了吗！"人决定环境与教育"与他们所持有的"环境和教育决定人"理论明显是相冲突的，这又怎么办呢？为了摆脱困境，这些唯物主义者们最后只好求助于英雄人物和所谓的天才，因此，他们终于得出了英雄人物制定教育制度和法律规范，进而创造历史的唯心主义理论。

马克思说，人的活动与环境的改变是辩证统一的，一方面，人类受到自然环境和社会环境的影响，另一方面，人类也有主动改造环境的能力。人类是在改造环境的实践过程中受到启发、教育，提高了自我认识，从而更好地改造环境、促进社会的发展。正如毛泽东在《实践论》里概括的那样，无产阶级和革命人民在改造世界的过程中，有双重任务：一是改造客观世界，二是改造自己的主观世界，也就是改造自己的认识能力，改造主观世界同客观世界的关系。因此，教育与法律是人类在实践活动中创造出来的，人是教育与法律的制定者与实施者，人类制定教育与法律的目的就是提升、规范自己的言行，以成为更好的、更具有人性的人。教育与法律虽然可以影响人类的行为，但却不是人类的主宰。

第四条 批判费尔巴哈的宗教观的局限性，揭示宗教的社会根源以及消灭方法。

首先，马克思肯定了费尔巴哈反对中世纪宗教神学的功绩，认为费尔巴哈将上帝回归于人，将圣父、圣母、圣子的关系回归于世俗的家庭，这是对基督教神学的有力打击。但是，费尔巴哈在做完上述工作之后，就没有什么有益的进展了，他没有科学揭示宗教产生的社会根源，没有想到人们为什么要从尘世世界的基础上幻化出一个神的世界，也没有想到要根除宗教。而是将宗教归于心、爱等抽象之物，并且将宗教的变迁史看作人类发展的真正历史，这些都是他唯心主义历史观的体现。

马克思针对费尔巴哈的宗教观，提出世俗世界的自我矛盾以及斗争催生了神的世界的产生。人类社会自产生阶级以来，就产生了统治阶级与被统治阶级的对立，宗教正是阶级社会的产物。统治阶级需要宗教麻痹广大人民群众的思维，用天国的神秘幻想诱导人民忍受现实的苦难、接受统治阶级的压迫与剥削；而被统治阶级在力量微弱之时，需要用宗教中来世的福报与天国的幸福来鼓舞自己，或者说催眠自己，将自己无望的追求寄托在来世或者上帝身上。因此，阶级对立才是现代宗教产生的根源，宗教是阶级统治的工具，要想消灭宗教，就需要消灭宗教的世俗基础——阶级，只有消灭阶级对立，实现全部人类的解放，达到人民大众普遍的幸福生活，才能将宗教的幻想消除。而这样的任务，只有无产阶级领导的革命可以完成。

第五条 费尔巴哈立足于唯物主义阵地却陷入唯心主义历史观的根源。

第五条只有一句话——"费尔巴哈不满意抽象的思维而诉诸感性的直观；但是他把感性不是看作实践的、人的感性的活动。"① 这句话说明了为什么费尔巴哈看到了环境与教育对人的作用，却看不到相反的一面、为什么费尔巴哈批判了上帝的宗教，却又建立了世俗的爱的宗教。

正如同之前介绍的那样，费尔巴哈固然不满黑格尔将精神、意识作为决定性的力量，恢复了自然与人的主体性地位。但是，费尔

---

① 马克思：《关于费尔巴哈的提纲》。《马克思恩格斯选集》第一卷，第59~60页。

巴哈那里的人是没有社会实践的人，那里的人只知道被动地承接自然界和社会反射到他那里的映像，只知道谈论抽象的感情，那里的人只是生理学意义上的人。他不了解实践的真正含义，或者说，他不愿意了解实践，因为那是卑劣的活动，人类拥有理论上的活动以及道德的教义，那就足够了。因此，费尔巴哈这般直观的唯物主义不能正确地说明环境与人的关系、社会发展与人的关系，也找不到消灭宗教的真正途径。

　　第六条　批判费尔巴哈的人本学，揭示唯物史观的人的本质的观点。

　　费尔巴哈将人作为哲学研究的对象，强调人是他哲学的出发点，但是在他的哲学中，他的人是脱离社会的抽象的人，是生理学意义上的人，每一个人都是一个独立的个体。而且，费尔巴哈认为社会上人与人的关系就是感情的关系，理性、道德和爱就是人存在的全部内涵，因此，只要人们坚持爱的道义，世界就可以变得和平美好。另外，他认为人的本质就是许多人共同拥有的、内在的共同点，这种共同点就是人们对理性和爱的追求，这些都是人类与生俱来的、不受外界影响的东西。

　　针对费尔巴哈的人本学的观点，马克思提出"人的本质是社会关系的总和"这个历史唯物主义的基本概念。这就是说人总是处于一定的社会关系之中的，这种关系，不是费尔巴哈理解的爱情、友情等情感关系，按照列宁的说法，社会关系分为物质的社会关系和思想的社会关系。物质的社会关系一般是指生产关系和经济关系，这是最主要、最核心的社会关系。而思想的社会关系是指政治的、法律的、道德的、宗教的关系等。一般说来，生产关系决定着其他一切的社会关系。而在阶级社会中，生产关系则表现为一定的阶级关系，根本不存在费尔巴哈所谓的平的、爱的关系。

第七条 进一步批判费尔巴哈人本学的错误。

费尔巴哈将爱的宗教看作是与生俱来的，认为这是人人都有的自然属性，这在马克思看来是不正确的。人虽然是产生于自然之中，但是人同样具有社会属性。人总是生活在社会中的人，抽象的、孤立的人根本不可能存在。人类的宗教情感本就是社会的产物，是阶级对立的结果。永恒不变的感情是不可能存在的，因为人的意识受到社会客观发展的影响，人类的感情、思想与理念都不可避免地带有时代的烙印，在阶级社会中，人的思想与意识同样会受到阶级地位的制约。因此，费尔巴哈想要建立永恒的爱的宗教只能是一种幻想。

第八条 实践是社会生活的本质，社会意识对社会实践具有依赖性。

马克思指出，社会生活在本质上是实践的。人们通过生产实践才能获得生活资料，才能维持个人的生命运转。生产实践乃是最基本的实践活动，如果没有生产，那么人类整个的社会生活都会停止。任何一个民族，如果停止了劳动，那么不需要一年，只需要几个星期，这个民族就会灭亡。因此，社会实践是维持人类生活运转的必须手段。

另外，社会实践也是社会意识的根源。正如唯物主义的最基本原则所阐述的，客观存在决定思维，人类所思所想的都来源于客观存在的事物，那么整个社会的发展理念、法律制度、文艺作品、哲学理论，就更是对社会客观发展的反映了，甚至就连荒谬的宗教理论，也是对社会现状的反映，只不过这是抽象、扭曲的反映罢了。因此，一切的社会意识，包括错误的、神秘的思想、理论，都可以从社会实践中找到原因和解释。

第九条 费尔巴哈的直观的唯物主义因为不了解实践的意义，根本不可能正确认识社会的本质。

费尔巴哈不能真正认识到实践的意义，因而也就不能进一步认识到在实践的基础上形成的一系列社会关系，他不能了解每个人都是社会关系网中的一个部分，因此，在他那里，社会就是由许多的独立的个人组成的集合，这些人除了拥有道德、感情的联系，没有什么其他的关系。因而，费尔巴哈也就不可能明白社会发展是不以个人的意志为转移的。他只是将社会的发展看作是无数偶然性事件的堆积以及某些个人的历史贡献，而不知道社会发展具有深刻的内在规律性以及人民群众在社会历史发展中的巨大贡献。由此可见，费尔巴哈在社会历史领域背离唯物主义的阵地是不可能避免的。

第三部分：总结包括费尔巴哈在内的一切旧唯物主义，说明科学唯物史观的真正内涵

第十条 揭示旧唯物主义哲学与马克思主义的社会基础与阶级基础。

马克思指出，一切旧唯物主义的落脚点都是资产阶级社会，，它们反映的都是资产阶级的利益，体现的是资产阶级的世界观和价值观。

而马克思开创的科学唯物主义的立足点则是人类社会，这里的人类社会其实是指消灭了私有制与阶级对立的共产主义社会。因此，恩格斯与马克思建立的唯物主义是无产阶级的唯物主义，是广大人民群众的唯物主义，是紧紧抓住客观现实、以科学的规律武装自己

的理论，是无产阶级的世界观与指导方针。

第十一条 阐明了马克思主义哲学与以往一切旧哲学的根本区别，提出了马克思主义哲学的历史使命。

马克思在这里提出，以往所有的哲学家们都只是用不同的方式解释世界，而哲学真正的任务则在于改变世界。以往的哲学家们，包括唯物主义者与唯心主义者，他们所建立的哲学体系只是提出了不同的解释世界产生、发展的理论或猜想。马克思后来就对青年黑格尔派的活动给出了评价，尽管这些思想家们满口震撼世界的语句，但是在行动上，他们是最大的保守分子。

所有口头上的道义理论都比不过实践的力量，所有的旧哲学家都没有认识到实践的重要作用，但是恩格斯与马克思看到了。针对混乱无能的国家建设以及资产阶级的恶劣行径，他们提出，要让无产阶级联合起来，在科学唯物主义的指导下，推翻资产阶级的统治，推翻一切剥削压迫的根源——阶级，真正地改变世界的面貌。这才是哲学理论的真正意义所在。

结束语

马克思的《提纲》只有寥寥千余字，但是其哲学意义却是重大的，这不仅仅是针对当时德国社会的革命而言，也是对于我国的当下发展而言。不论是中国古语中的"读万卷书，行万里路"，还是毛泽东所说的"做第一个吃螃蟹的人"，都是在强调实践的重要意义。实践的观点是《提纲》的精髓所在，我国革命的胜利、社会主义的建设、社会经济的发展等，一切都离不开实践，实践的理论帮助我党坚定地以经济发展为基础，以中国化的马克思主义理论为指导，为实现全民族的繁荣复兴而奋斗。

在恩格斯的《费尔巴哈论》中，他着重突出了对辩证法的分析把握，对于实践观点没有施以多余的笔墨，而在马克思的《提纲》之中，我们可以体会到实践的观点乃是全文的核心部分。写作时间与背景不同，作者的着重点自然也就不同，《费尔巴哈论》与《提纲》都是对马克思主义哲学的经典阐释，因此我们在阅读的时候不能有所偏颇，非此即彼，而要将这两个文本结合起来，全面把握马克思主义的理论精髓。

名词解释

谢林（1775—1854） 德国古典唯心主义哲学家。谢林乃是黑格尔的同窗好友，但是黑格尔对此人地评价却不高，哲学家海德格尔充满理解的评论说，一个伟大的思想家怎么也不能理解另一个同样伟大的思想家，因为他们每个人都有自己独特的伟大之处。

谢林的写作风格很是隐晦，他的思想缺乏明显的连贯性，他一方面强调客观自然的重要性。另一方面又宣称"绝对同一"这个精神的因素就是万物的本原。他宣扬信仰高于理智，宗教高于科学，这明显是为基督教以及与基督教相互勾结的封建势力辩护。但是不可否认的一点就是，黑格尔的辩证法就是吸取融合了同一哲学中的部分理念。

在黑格尔去世后，谢林回到柏林，受普鲁士国王委托任教于柏林大学，他试图打压黑格尔哲学的高亢势头，但没有取得成效。其后，他逐渐成为普鲁士政府的御用哲学家。

黑格尔（1770—1831） 德国古典哲学唯心主义的集大成者，他的理论著作有：《精神现象学》《逻辑学》《法哲学原理》《哲学全书》，由其学生整理出版的著作有《哲学史讲演录》《历史哲学讲演录》《美学讲演录》等。

黑格尔的辩证法肯定了矛盾，以发展的思想看待事物，这一理论成为了马克思主义的重要理论来源。但他的理论中心——绝对理念——的唯心主义成分，受到后来众多哲学家的批判。在黑格尔生前，恩格斯与马克思就对他的理论进行了细致的研读，对他哲学体系中的唯心主义进行批驳，而在黑格尔逝世之后受到无情的谩骂的时候，他们却坚定地站起来，声称他们曾是黑格尔的学生，维护了黑格尔的形象。

费尔巴哈（1804—1872）　德国唯物主义哲学家及无神论者。费尔巴哈出生于一个法学家的家庭，他先是主修神学，后来转入柏林大学哲学系，接触到了黑格尔的哲学。但是与他人的追捧不同，他对黑格尔展开了相当严厉的批判。他主要著有《黑格尔哲学批判》《基督教的本质》《未来哲学原理》等书，在这些书中，他揭开了黑格尔哲学的本质。他强调自然界是真实存在的，而黑格尔却把自然当作了人的思维的产物，将思维脱离人的头脑，捧到了高高的云端，这不就是哲学中的上帝吗！他说，上帝在生活中根本就是不存在的，它能够在欧洲大陆统治那么多年，只是源于人类的无知，只是人类对于无法达成的愿望的理想寄托。从他的字里行间，我们可以看出他那敏锐的洞察力。

他提倡人本主义，但是试图以人为上帝，用人的主观感觉（如爱、情感等）恢复神性。并且他在批判黑格尔时，连同黑格尔的辩证法也一同放弃了。因此，后来恩格斯在评价他时说，他作为一个哲学家，是停留在半路上的，他的下半截是唯物主义者，但上半截却是是唯心主义者。

《莱茵报》　全名为《莱茵政治、商业和工业日报》，由莱茵省温和的反普鲁士封建统治的资本家创办。1842 年 4 月起，马克思开始为该报撰稿，10 月，被聘为主编。其后，该报日益倾向革命民主主义，引起了普鲁士政府恐慌，于 1843 年 1 月决定查封《莱茵报》，

3 月，马克思声明退出编辑部。

青年黑格尔派 亦被称为"黑格尔左派。1931 年黑格尔逝世之后，黑格尔学派分化为青年黑格尔派和老年黑格尔派。青年黑格尔派属于激进派。代表人物有施特劳斯、鲍威尔兄弟和施蒂纳等。费尔巴哈、马克思、恩格斯也曾参与过前期活动。

青年黑格尔派反对封建主义，主张进行资本主义改革。他们继承黑格尔哲学中的进步方面，积极发展辩证法，但是他们并没有突破黑格尔辩证法的框架。19 世纪 40 年代，青年黑格尔派发生分歧，激进的一部分人猛烈批判普鲁士的封建制度，一部分人开始宣扬空想社会主义，费尔巴哈开始对黑格尔尽心唯物主义的批判，鲍威尔兄弟等人则宣扬"天才的个人"，否认人民群众在历史中发挥的积极作用。马克思与恩格斯中止与它们的联系，并且在《神圣家族》和《德意志意识形态》中对他们进行彻底的批判。

正义者同盟 是 1836 年由旅居法国的德国流亡者、工人在巴黎秘密创立的。巴黎起义失败后，领导人沙佩尔等人被驱逐出境，他们在伦敦重新组建了同盟，之后，法国、德国等也先后建立或恢复同盟的支部，将同盟扩大为国际组织。在抛弃了错误的魏特琳空想主义、蒲鲁东无政府主义之后，同盟接受了恩格斯与马克思的科学社会主义理论。

《新莱茵报》 全名为《新莱茵报·民主派机关报》，1848 年由马克思恩格斯在科伦创办，他们为了强调此份报纸同 1842—1843 年出版的《莱茵报》的联系，因此取名为《新莱茵报》。报纸的政治纲领就是民主与无产阶级性质。它的主要社论与文章都是马克思与恩格斯执笔完成。报纸强烈撼动了普鲁士政府的统治，因此，1849 年，马克思被驱逐出境，5 月 18 日，《新莱茵报》用红色油墨出版了终刊号。

　　罗曼语　罗马语族和拉丁语族，其中使用较多的是西班牙语、葡萄牙语、法语、意大利语等。

　　第二国际　1889—1914年，是各国社会主义政党组织的国际联合组织，其名称是相对于第一国际而言的。第一国际是指由马克思在1864年建立的国际工人协会，第一国际这一称谓是自第二国际成立开始才形成的。

　　费希特（1762—1814）　德国哲学家，他提议建立柏林大学并成为了第一任校长。费希特一般被认为是连接康德与黑格尔的中间人物，并没有受到足够多的重视。他坚决继承康德的唯心主义思想，但是却抛弃物自体的概念，他提出哲学的起点是纯粹精神的"自我"、自我设定了本身，使自我具有了现实性，然后自我又设定非我，为自己创造了一个对立面，即需要克服的事物，也就是说，在费希特看来，现实世界中的自然界是自我这个精神一样的东西设定的，人类的活动就是不断克服非我，实现自我与非我的同一。同时，费希特也是位爱国主义者，他强烈要求国家的统一。1806年普法战争爆发后，他与妻子一起积极照顾伤员，却不幸染病相继离世。

　　形而上　出自《易经·系辞》，"形而上者谓之道，形而下者谓之器"，在中国古代哲学中主要是无形的、未成形的事物，如法律、规律，与"形而下"对应。在西方哲学史上，"形而上学"一度是哲学的代名词，因为这是"ta meta ta Phusica"的中译文。但是在黑格尔哲学中，黑格尔将与辩证法对立的、僵化的、孤立的看待问题的方法称为形而上学，因而，现今在一般意义上来说，形而上都是一个贬义词。

　　亨利希·海涅（1797—1856）　德国的诗人和政治家，是激进的资产阶级民主主义者，1843年他先后与马克思、恩格斯等人相识并成为至交。海涅生于犹太人的家庭，但是在他的求学及以后的生涯中，他竭力隐瞒这一点，他曾表示过，他没有勇气留一部胡子，让人用犹太德语在后面嘲笑他，后来他更是接受了基督教的洗礼，希望自己可以真正融入欧洲文化的圈子中。但是，这明显没有取得显著的成果。海涅一直致力于与普鲁士的封建势力抗争，用激扬的文字反映贫苦工人的生活，宣扬民主主义精神。但是尽管与马克思、恩格斯交好，他却并不是一个马克思主义者，他认为他们的唯物主义思想以及激进的革命态度会摧毁他所深爱的欧洲文明。

实体 这个概念首先由亚里士多德提出。实体是独立存在的东西，现实世界中的客观事物都可被称为"实体"，如书、人等。而且抽象的事件或事物之间的联系，也可被称为"实体"，如黑格尔的绝对精神。

蒲鲁东（1809－1865） 法国小资产阶级经济学家和社会学家，是无政府主义的创始人。他主张通过和平改良摆脱资本主义的剥削，他反对一切权威、一切法律、一切组织和政党，反对无产阶级的暴力革命，幻想建立无政府社会。他的观点后来被俄国的巴枯宁吸收并发展。

同源结构与同功结构 同源结构是指不同的物种拥有相似的结构，这说明它们拥有共同的起源，比如人的四肢与脊椎动物的四肢，就是同源器官。同功结构是指不同生物具有相似的结构，这是因为环境相似的缘故，而不是说它们起源相同，比如鸟类与蝴蝶的翅膀，它们有同样的功能，但是鸟类与蝴蝶并没有分享同一个祖先。